兒童虐待與少年偏差
問題與防治

鄭瑞隆　著

作者簡介

鄭瑞隆

學　　歷：美國伊利諾大學香檳校區社會工作博士

現　　任：國立中正大學犯罪防治學系教授兼系主任

國立中正大學犯罪防治研究所教授兼所長

中華民國犯罪學學會理事長

台灣家庭暴力暨性犯罪處遇協會常務理事

嘉義縣愛家反暴力協會理事長

國立中正大學犯罪研究中心執行秘書

國立中正大學輔導中心兼任諮商輔導老師

司法院司法人員研習所課程講座

法務部矯正人員訓練所兼任講座

財團法人犯罪矯正發展基金會董事

嘉義縣（市）家庭暴力及性侵害防治委員會委員

專業領域：家庭暴力防治

性侵害評估與處遇

兒童少年保護

矯正社會工作

作者序

兒童是國家最重要的資產，是人類社會生存發展的基本命脈，全世界先進國家莫不重視兒童的權益與保護。不過，在我國兒童少年遭受各種虐待（包括身體虐待、心理虐待、性虐待、嚴重疏忽、各種剝削、基本權益維護的疏忽、不當管教及未限制兒少接觸不當的資訊與情境）層出不窮，兒童少年遭受各種傷害導致身心失衡、身心創傷、甚至終身殘疾或死亡的案例時有所聞，讓專業人士及全體國人膽顫心驚、常感遺憾。

少年偏差及犯罪行為也是今日台灣社會問題中最頭疼問題之一，許多政策及方案計畫都想要預防或處遇偏差或犯罪少年。不過，少年的竊盜、暴力行為、逃家逃學、中途輟學、吸毒問題、網路成癮、網路援交、性侵害與性騷擾等偏差或犯罪行為，則仍然令各界憂心忡忡，似乎許多的資源投入及專業人士的努力，未必能得到期待中的效果。

個人從 20 年前開始關心我國的兒童被虐待問題，曾經研究過我國兒童被虐待之嚴重性評估，10 年前返國服務後在國立中正大學犯罪防治研究所將社會工作的專業與傳統的犯罪防治作結合，投入對少女從娼、少年偏差行為或犯罪行為、家庭暴力、性侵害的研究，經常感受到這些的問題似乎有許多共通的特徵，加害人及被害人也都常出現一些過去經驗的雷同性，甚至童年受虐被害與日後的偏差行為或犯罪行為都有相當程度的關聯性，值得少年福利、少年刑事司法、教育、少年保護等專業人士及一般父母親特別留意。個人的研究發現，偏差行為少年（少女）及犯罪少年曾經在童年遭受各式各樣虐待被害的經驗，比一般未犯罪的少年更多，且其差異達到統計學上的顯著水準。究竟童年受虐被害的經驗是如何影響少年的偏差或犯罪行為？此過程與路徑也在個人的研究中獲得驗證，也許其他種類的影響因素與路徑尚有可能，但本研究驗證了原先提出的假設模型，

發現受虐後的負面因應行為對於少年偏差或犯罪行為的「貢獻度」最大，所以，這個發現對於兒童及少年保護與輔導人士，以及兒童少年的父母親與師長，如何輔導與保護受虐的兒童及少年，以防止其出現負面因應行為作為預防其日後出現更多偏差行為、甚至成為犯罪少年，具有深遠的參考價值，同時對於學術研究人員及實務工作人員，也能提供具有啟發性的對話。

　　除此之外，由於兒童少年不僅親身受暴或受虐才會受到不良影響，目睹家庭中之暴力或虐待行為，例如父母間的婚姻暴力，也會對孩子產生身心的負面反應。根據研究，發生夫妻間婚姻暴力的家庭中，大約有 1/3 的孩子會有目睹經驗，這些經驗可能透過銘印作用、觀察模仿作用，及暴力合理化作用，讓目睹的孩子日後成為同樣具有攻擊習性的人，或出現各種身心的失調症狀，因此，有必要對這類目睹兒少進行進一步輔導。個人也在國科會的經費支持下，設計了婚暴目睹兒童及少年的團體輔導教育方案，以實驗研究法透過各 10 次的團體輔導教育過程，檢驗該方案對於兒少身心狀況改善之情形，發現對於少年有顯著的改善效果，兒童也有改善但未達統計學上的顯著水準。不過兩組實驗組兒少都比未接受團體輔導教育的控制組兒少有更好的身心狀況改善情形。這種模式的團體輔導方案，也適合再加以改進推廣，以提升目睹婚暴兒少之身心健康。

　　本書之問世要特別感謝行政院國科會過去幾年對於個人研究經費之支持，感謝國立中正大學犯罪防治學系及研究所提供優良的研究環境，恩師周震歐教授、蔡德輝教授多年的教誨與提攜，犯防所楊士隆所長對個人的鼓勵與指導。個人也要特別感謝參與研究的所有單位、受試者及多名助理，沒有他（她）們的參與和協助，研究難以完成。最後也要特別感謝心理出版社林敬堯總編輯的支持與耐心，編輯人員高碧嶸的辛苦與細心編校。個人才疏學淺，對於資料之分析與見解難免疏漏，還請各界先進不吝予以批評與指教。

鄭瑞隆
序於國立中正大學犯罪防治學系
2006 年 12 月

目錄

第 1 章　兒童虐待之定義　/001

第一節　兒童虐待之定義與範圍　/002
第二節　兒童虐待定義的爭議問題　/006
第三節　家庭病理、兒童虐待與兒童偏差　/008
第四節　兒童保護與兒童管教的概念　/010
第五節　機構中的虐待行為　/011
第六節　兒童少年受虐之指標（含疏忽）與判斷　/012
第七節　國家社會有保護兒童的責任　/018
參考資料　/019

第 2 章　兒童少年受虐的結果與保護服務　/025

第一節　兒童少年受虐的後果　/026
第二節　兒童及少年受虐研究方法的問題　/030
第三節　兒童少年保護服務的適用時機　/031
第四節　兒童保護服務的程式與處遇目標　/037
第五節　兒童少年保護服務的展望　/042
參考資料　/044

第 3 章　兒童虐待被害經驗與少年偏差及犯罪行為　/047

第一節　兒童虐待被害與少年偏差（犯罪）行為之相關論述　/048
第二節　研究方法　/050
第三節　受試少年之基本人口學特性與家庭背景分析　/053
第四節　少年偏差行為與兒少虐待受虐類型之歸類　/058
第五節　犯罪少年與一般少年受虐經驗的差異
　　　　（兼論性別差異）　/062

第六節　受虐經驗對少年偏差或犯罪行為之預測　/063

第七節　討論　/070

第八節　結論　/074

第九節　建議　/075

參考資料　/079

第 4 章　婚暴目睹兒童及少年之輔導教育團體　/085

第一節　目睹父母婚暴：另一種兒童虐待　/085

第二節　生態系統與暴力學習　/089

第三節　暴力循環觀點與目睹暴力　/090

第四節　受虐、目睹暴力與負面行為　/091

第五節　目睹家暴對兒少之影響　/092

第六節　對目睹兒少之團體介入策略與模式　/095

第七節　團體輔導研究之設計　/098

第八節　團體輔導教育方案之設計　/101

第九節　輔導教育團體研究發現　/105

第十節　研究討論與檢討　/106

第十一節　結語　/109

參考資料　/109

第 5 章　兒童虐待與少年偏差的共線性：對防治的啟示　/117

第一節　家庭病理：兒虐及少年偏差之共通因素　/117

第二節　兒少受虐對身心造成的負面影響　/120

第三節　兒少目睹家暴的偏差學習　/122

第四節　缺乏愛人及自愛的能力　/124

第五節　保護性因素的介入：兒虐與少年偏差之防治　/125

第六節　結語　/129

參考資料　/130

附錄 1　兒童權利公約（兒童人權公約）　/135

附錄 2　兒童及少年福利法　/155

附錄 3　少年家庭生活經驗與行為問卷調查（一般學生）　/177

附錄 4　少年家庭生活經驗與行為問卷調查（犯罪少年）　/187

附錄 5　兒少情緒、行為及家庭生活問卷調查　/197

附錄 6　目睹婚暴兒童及少年輔導團體之單元規劃　/203

附錄 7　目睹婚暴兒童及少年輔導團體活動流程　/207

兒童虐待與少年偏差——問題與防治

第 **1** 章

兒童虐待之定義

兒童虐待（child abuse or child maltreatment）通常指父母親或負有照顧責任之人，因為故意或疏忽，造成兒童之身體、生理、心理、性，及基本權益之損失與傷害，甚至造成死亡或難以恢復之損傷結果。兒童通常指未滿 12 歲之人，不過學界與兒童保護實務界也經常將兒童的概念向上延伸至少年，凡是 18 歲未滿之人，都可以適用對兒童的保護措施與原則。我國現行之〈兒童及少年福利法〉（見附錄二），即將保護及福利服務對象涵蓋到未滿 18 歲之少年與兒童（第二條）。

根據我國內政部兒童局的統計（http://www.cbi.gov.tw/ chinese_ version/2/displayContent，2006.03.17），截至 2005 年（民國 94 年）12 月底止，該年度兒童少年保護案件之通報受虐人數為 9,897 人，其中未滿 12 歲之受虐兒童人數為 7,095 人，12 歲以上未滿 18 歲之少年保護人數為 2,802 人。所有這個領域的學者與實務專家都相信，被通報的兒童少年虐待及保護案件只是冰山一角，大多數的兒少虐待案件並未獲得通報（余漢儀，1995；鄭瑞隆，2004；Wiehe, 1996）。在通報的兒少保護案件中，施虐者為親生父母或養父母者占 75%，父親或母親的同居人占 4.6%，照顧者（含褓母）占 8.5%；施虐者教育程度以國中程度最多，高中職程度居次，分別為 28% 及 21%。兒童受虐主要以身體虐待（physical abuse）為多，其次為嚴重疏忽照顧（neglect）及精神虐待（emotional abuse），性

虐待（sexual abuse）所佔比例最少，但是性虐待常是被評為最嚴重的虐待形式（鄭瑞隆，1988）。除此之外，身體虐待與嚴重疏忽對受虐兒而言，也可能造成重傷害或死亡的結果，其嚴重性不容忽視。身體虐待與疏忽照顧算是盛行率最高的兒少虐待類型，因此，也是大多數兒少保工作人員最常接觸與介入的兒少虐待類型。

第一節　兒童虐待之定義與範圍

在美國，學者常用「對兒童的不當對待」（child maltreatment）來表示兒童虐待（child abuse）及兒童疏忽（child neglect）兩種問題（Scanna-pieco & Connell-Carrick, 2005）。

有學者認為兒童虐待是嚴重的社會問題，有四種主要形式，即身體虐待、精神虐待、性虐待、及疏忽（Giovannoni, 1989）。但也有人認為兒童虐待有三種主要形式，即身體虐待、精神虐待、性虐待等，至於兒童疏忽則是另一種特殊的不當照顧（Wiehe, 1996）。通常兒童疏忽可分為五種類別：生長遲緩、身體照顧的疏忽、遺棄及無法給予適當的監督管教、醫療方面之疏忽、教育方面的疏忽（Faller, Bowden, Jones, & Hildebrandt, 1981）。也有學者從狹義與廣義兩個面向定義兒童虐待（Zigler & Hall, 1989），他們認為，最狹義的兒童虐待限於施虐者故意對兒童造成身體上的傷害；最廣義的兒童虐待則擴展至包括對孩子正常發展與經驗之疏忽或剝奪都算是兒童虐待與疏忽，例如使得孩子無法獲得被愛、被接受的感覺，使孩子沒有安全感及價值感，及使孩子成長於不受歡迎（敵意）或沒有道德的環境，都是兒童虐待與疏忽（Zigler & Hall, 1989: 45）。

我國〈兒童及少年福利法〉第三十條規定，任何人對於兒童及少年不得有下列行為：

1. 遺棄。
2. 身心虐待。
3. 利用兒童及少年從事有害健康等危害性活動或欺騙之行為。

4. 利用身心障礙或特殊形體兒童及少年供人參觀。

5. 利用兒童及少年行乞。

6. 剝奪或妨礙兒童及少年接受國民教育之機會。

7. 強迫兒童及少年婚嫁。

8. 拐騙、綁架、買賣、質押兒童及少年，或以兒童及少年為擔保之行為。

9. 強迫、引誘、容留或媒介兒童及少年為猥褻行為或性交。

10. 供應兒童及少年刀械、槍砲、彈藥或其他危險物品。

11. 利用兒童及少年拍攝或錄製暴力、猥褻、色情或其他有害兒童及少年身心發展之出版品、圖畫、錄影帶、錄音帶、影片、光碟、磁片、電子訊號、遊戲軟體、網際網路或其他物品。

12. 違反媒體分級辦法，對兒童及少年提供或播送有害其身心發展之出版品、圖畫、錄影帶、影片、光碟、電子訊號、網際網路或其他物品。

13. 帶領或誘使兒童及少年進入有礙其身心健康之場所。

14. 其他對兒童及少年或利用兒童及少年犯罪或為不正當之行為。

可見我國現行法律對於兒童虐待之概念定義有涵蓋兒童疏忽的性質，且涵蓋面向也實質地擴大至廣義的兒虐定義，例如健康維護、人格尊嚴、受教權益、婚姻權益、身份責任、性的權益與自主、免遭性剝削、免於被利用從事不正當行為或犯罪行為的保護。因此，本章所探討之兒童虐待概念涵蓋了兒童疏忽及權益遭受危害之問題性質與內涵。

一、身體虐待

身體虐待（physical abuse）通常指成人（父母親、養父母、繼父母、同居人、照顧者、機構人員）故意對兒童之身體施加暴力，導致兒童的身體遭受傷害。例如：打、踢、摑掌、拳打、使其撞牆或以皮鞭鞭笞、棍棒、樹枝木條加以毆打，也可能是父母親在對孩子管教過程中施加過度的體罰（corporal punishment）所造成。身體虐待可能造成兒童、少年死亡的結果，在台灣常有全身是傷的孩童或幼童被緊急送醫不治的悲劇發生，

幾乎都是身體虐待的結果。體罰式的管教雖然沒有想要傷害孩子的企圖或故意，但實際上卻造成傷害孩子身體與心理的結果。例如，不小心把孩子的耳膜打傷了，或當眾體罰嚴重傷害孩子的自尊與人格。身體虐待也常與其他類型的虐待並存發生，例如性虐待或精神虐待。

另外有一種比較少見的身體虐待形式，稱為「莽喬三症候群」（Munchausen Syndrome），是一種替代性的表徵，父母親會不斷地編織孩子的病情，不斷地帶孩子去醫院看診，導致孩子不斷地接受診斷與治療。在父母親不斷編織孩子生病的過程中，孩子受到了傷害；此類的父母親也會捏造孩子的檢體（如尿液、血液），使人相信孩子真的有病，不過這些檢體與症狀，都是父母親的投射或本身有病的直接身體表徵（Rand & Feldman, 2001; Wiehe, 1996）。父母親為何要將自己投射進入孩子的病症中，且喜歡宣稱孩子有病需要治療，是否與父母之性格較不成熟或有性格上之偏差有關，有待進一步驗證。

二、精神（心理）虐待

精神（心理）虐待（psychological abuse or emotional abuse）通常指父母親或成人照顧者故意對兒童的情緒與心靈之健康與正常發展造成傷害，使得孩童的情緒不健康，遭受驚嚇、恐慌、自尊低落、性格偏差、精神異常……等各種心理層次的創傷與負面結果，這些都屬於精神或心理虐待的內容。

精神（心理）虐待不像身體虐待經常有明顯的身體外傷或形體受損可具體觀察，其傷害是在內在心靈的層面，不易從受虐孩童的身體外觀加以觀察，只能從孩子的情緒、性格、認知等心理層面的反應及後果間接加以洞察。

精神虐待對孩子的傷害及其所產生負面影響之影響程度，並不亞於身體虐待，甚至其長期的效應可能會延續一輩子（Crosson-Tower, 2002）。許多精神醫療及心理衛生專業人員也曾懷疑，許多臨床病人的人格偏差問題，例如反社會人格（anti-social personality disorder）及邊緣性人格異常（borderline personality disorder），可能與童年時期遭受精神虐待的經驗

有關（Van Den Bosch, Verheul, Langeland, & Van Den Brink, 2003）。

　　父母親對兒童精神虐待的行為類型十分多樣化，只要是造成孩子心理受傷、自我概念、自尊與情緒低落、焦慮、恐懼、屈辱的行為都可算是，例如：經常無故對其大吼大叫、故意恥笑或羞辱孩子、貶抑孩子的人格尊嚴、無故口出惡言威脅恐嚇、貶低孩子的能力與信心、故意製造出恐怖的情境或聲響使孩子受到驚嚇、故意說孩子不是親生的、把孩子與別人做不當的比較、故意不與孩子說話，還有許多方式的不當對待都會使得孩子稚嫩的心靈遭受無法負荷的傷害。

三、性虐待

　　性虐待（sexual abuse）指兒童與少年遭受其父母親、養父母、繼父母、同居人、照顧者強制性交、強制猥褻、合意性交或合意猥褻，或對兒童之身體與性的私處部位進行滿足性慾的接觸或傷害。前述行為造成兒童及少年在性生理、性心理方面之創傷，被害的兒童與少年可能因為年齡或被害情境的因素，或是其認知能力不足，並不知道自己被害；被害的兒童與少年也可能有認知扭曲，以為那些性接觸或性交行為是父母親或照顧者對她（他）的情愛表示與照顧的恩情，因此不知抗拒或不想反抗。被害的兒童與少年也可能抗拒無力或因受脅迫、威嚇或利誘而無法反抗。不過，她（他）們也可能因為被害經驗內化（internalization）的結果（Wieland, 1998），或充分認知被害經驗後，感受到傷心悲憤或自我形象嚴重毀損，為了逃避或抗議因而離家出走、學業中輟，或以吸毒以忘卻痛苦，也可能出現自戕（自殺企圖），或產生性厭惡或性濫交的結果，甚至出現性交易的偏差行為。亂倫（incest）是屬於性虐待的一種，也是一種非常複雜的兒少性侵害被害的問題。

四、疏忽照顧

　　疏忽照顧（neglect）指兒童之父母親與照顧者因為故意不作為（omission）或疏失（neglect），對於應該給予孩子安全、健康、醫療、衛生、教育、心靈等各方面之照護有所疏漏，導致孩子遭受身心傷害的結果，甚

至導致無法恢復的結局（例如身體機能永久缺損、生命的損失）。例如，在台灣每一年都發生許多件將年幼的孩子單獨留在家中，結果家裡失火使孩子無法逃生慘遭燒死。也常有粗心的父母親單獨將稚齡孩童留在車上，下車購物未熄火，導致車子與孩子均被竊賊偷走。忙於照顧生意的父母親或照顧者因疏忽使得剛會走路的孩子單獨走上馬路，不幸被汽車撞傷或傷重不治。粗心父母親或娃娃車司機停車後因疏忽未將稚齡孩子帶下車，導致高溫悶死慘劇。類似上述各種情狀，在我國社會經常發生，已經都是比較嚴重的結果。日常生活中還常有一些兒童疏忽案例雖未釀成大災禍，也足以令人擔憂。其實孩子的父母親或照顧者是難辭其咎，理論上而言都需受到法律的制裁。其他各種對孩子的健康、醫療、衛生、教育、心靈方面疏忽，使得孩子的身心發展受到不利的影響，不勝枚舉。由於兒童疏忽事件很少被舉發通報，通常都要到產生嚴重的結果，才會被發現或通報，故在台灣到底有多少兒童疏忽案件，實在無從掌握。

五、其他

其他各種可被認定是兒童虐待的情形，例如讓孩子暴露於不衛生或不道德的居住環境；成人為了各種抗爭活動，禁止孩子上學作為籌碼；父母親或照顧者在孩子看得到的地方從事性行為或允許孩子在一旁一起觀看色情影片；成人以畸形兒童供人參觀以牟利；利用孩子去行乞、偷竊或運送毒品；命令孩子從事足以損害身心健康的工作或表演，讓孩子去拍攝兒童色情圖片或影片（child pornography）以轉售牟利；引誘孩子從事不正當行為或犯罪行為；讓孩子穿著不適宜或不合時令的衣服導致身體健康受損等，均是兒童虐待或兒童疏忽。

第二節　兒童虐待定義的爭議問題

兒童虐待定義涉及兒童保護實務人員對於受虐兒童少年保護的範圍，及實務措施是否該介入時機的判斷。這些問題會產生兒童被保護是否周延

及國家社會資源投入程度是否足夠的爭論，故一個國家社會對於兒虐定義必須考量多種因素，做出最合適的概念解釋。以下幾點都是在進行兒少虐待認定的時候要注意的：

1. 兒童虐待定義如果訂得廣泛，則可以擴大對兒少保護的範圍，如果訂得狹隘，則對兒少之保護就比較不周延。然而，因為訂得廣泛則案件較多，如果專業人力及介入的保護體系供應能量不足，則兒少保護將流於形式，難以達成預期的目標。

2. 在認定一個案件是否為兒童虐待案件，是否應該考量父母親或照顧者的企圖（intention）。如果他（她）們並無故意的作為或不作為（疏忽），但卻造成孩子的傷害，是否應該被認定為兒童虐待行為？也就是說，父母親或照顧者出於非故意的傷害行為或非故意的疏忽照顧，不是虐待行為。而是故意的傷害行為或故意的疏忽才能被認定為虐待行為。不過，施虐者的企圖能否真實地被偵測得出來，他（她）們是否避重就輕、推卸責任，也是應該被認知思考的問題。

3. 兒童虐待定義是否該考量父母親或照顧者的歷史、文化背景及發生的時間與地點的問題？社會上的主流觀點與價值判斷，是否會對於少數族裔或少數文化背景的人造成不公平，產生偏差的判斷。例如，原住民族讓孩子在山野間脫光衣物到處跑、衣不蔽體，如果從主流價值來判斷，或許會認為是兒童疏忽或虐待，但若從原住民的生活習性或文化背景來看，或許是正常的童年生活方式。在節慶時候，原住民喜歡喝酒助興，甚至全家大小一起同歡，小孩也會一起喝酒，從主流價值來判斷，或許會認為是兒童疏忽或虐待，但若從原住民的生活習性或文化背景來看，或許是正常的家族生活的一部份，具有文化承傳的價值。這時候兒童保護專業人員該如何判斷與介入？事實上是充滿爭議。

4. 兒童虐待定義是否應該依孩子的年齡及發展階段而有所差異？例如不同年齡的孩子是否應有不同方式的管教與要求程度，如果對一位學齡前的孩子要求他要負擔家中全部的清潔工作，是否過於

苛刻而會被認為是兒童虐待？如果要求一位十幾歲的國中孩子負責家裡全部的清潔工作，是否就不會被認為是兒童虐待？對於一位兒少保護的專業人員而言，這或許是需要仔細思考的問題。實務上，經常會遇到這些具爭議性的狀況。

第三節　家庭病理、兒童虐待與兒童偏差

　　家庭是個人社會化最基本的單位，社會學家 Cooley 稱家庭為「初級團體」（primary group）的一種。家庭對於個人人格形成與情緒發展是否健全扮演極為重要且關鍵的角色，故家庭為了養育與教育其下一代，使其下一代能有正向的社會化（positive socialization），並使家庭的生命生生不息，家人的生活獲得需求的滿足，必須有健全家庭功能（intact family function）的發揮。家庭功能主要有：生育的功能、社會化的功能、經濟的功能、感情的功能、社會地位的功能（蔡文輝，1999：331-332），另外，對兒童少年而言，家庭應該還有教育的功能、娛樂的功能與庇護的功能（鄭瑞隆，1999）。當家庭遭遇問題使得其功能無法正常發揮，負面地影響其成員之生心理健康時，該家庭就被認定像是一個生了病的個體，而產生病理現象。所謂「病理學」（pathology），是對疾病的性質、特性、發生的原因、病症產生的過程、病症發展的過程，與病症所導致的結果，進行科學研究（The American Heritage Dictionary, 1991: 910）。家庭可被比喻成一個個體，有患病的可能，也有被治癒的可能。因此，家庭病理的通俗說法可以說是家庭問題、家庭危機或家庭病態。

　　隨著社會變遷的加速，台灣的家庭面臨許多衝擊，也產生了許多家庭病理（問題）現象。例如，家庭解組（family disorganization）、老年父母奉養與幼年子女養育及托育問題、家庭經濟困窘、夫妻關係與互動問題、外遇與離婚、兩地夫妻問題、單親家庭問題、家庭暴力問題、子女管教問題、隔代教養問題、親子溝通問題、家庭氣氛緊張、家人犯罪差異學習問題等等（高淑貴，1996；蔡文輝，1998；鄭瑞隆，1999）。這些家庭的病

理現象對於兒童與少年之病態人格特質、偏差行為學習、認知扭曲與道德發展低落、價值觀混淆、生理健康與智能發展較差、暴力犯罪與犯罪被害、低落的行為自控力、學習成就低落與中輟（吳芝儀，2000）等，均有極為顯著的影響，也獲得許多實證研究的證實（王淑女，1994；楊士隆，2006；蔡德輝、楊士隆，2006；蔡德輝、鄭瑞隆，2003；鄭瑞隆，2000；鄭瑞隆，2003；Chandra, Shenoy, Kumar, & Udaya, 1995; Goodman, Adamson, Riniti, & Cole, 1994; Widom, 1989）。

　　兒童成長早期在家庭中所接受的教養與關愛品質，對日後是否產生犯罪或偏差行為具有相當高的預測力（Hirschi, 1969）。也就是說，青少年時期的偏差行為往往是孩童時期家庭功能失調、缺乏適當的家庭教養與關愛所造成。兒童少年會將其在家庭中之見聞與遭遇等經驗，內化為自己的價值、觀念、態度與信念，影響其身心健康，並形成其人格型態與行為的模式，甚至成為青少年憂鬱症狀的病源（吳齊殷，1996；Cox & Conrad, 1996）。如果兒童少年從小在家庭中所獲得的遭遇與經驗是負面或病態的，則這些病因會在無形當中滲入他們的心靈中，如同一種「銘印現象」（imprint），成為日後心理與行為問題的根源（Janssen, Krabbendam, Bak, Hanssen, Vollebergh, de Graaf, van Os, 2004）。

　　家庭病理現象明顯的家庭，是問題較多的家庭或危機家庭，也會回饋影響，造成家庭的功能失調、結構破碎，家庭的氣氛僵化、家人溝通不良，在這樣的不溫馨家庭中，兒童與少年容易受到各式各樣的身心傷害，兒童虐待的案件容易發生。其最後的結果是兒童與少年身心失衡、行為乖張（Solomon, Cavanaugh, & Gelles, 2005）。根據研究，曾遭受家暴的少年在心理測驗中顯露出較多的攻擊性格、抑鬱性格、變異性格（邱怡瑜，2002），可見家庭病理的確對個人的心理健康產生負面的影響。

　　這樣的孩童容易被評為氣質差、不容易教養，因而容易在家人互動中遭受處罰，也容易在學校人際互動（與其教師及同學）與人發生爭執或遭受處罰，在日後的社會人際關係中也容易受到排擠，可謂全盤皆輸、後患無窮。

　　因此，在探討兒童受虐的問題之時，不應該脫離家庭為整個問題核心

焦點的概念，對受虐兒童少年進行處遇時，仍應以整個家庭為處遇焦點，特別是孩子的父母親最為關鍵，否則病態的家庭生活，仍然隨時可能在侵蝕孩子身心的健康。

第四節　兒童保護與兒童管教的概念

在討論兒童保護和兒童虐待之實務時，經常會遇到觀念上的分歧及行為標準之爭議。例如，當兒童有不當行為發生時，照顧者（父母、褓母、老師……）需不需要給予適當的懲罰？什麼是正常合理的管教？什麼行為會逾越管教的分寸而成為兒童虐待？這些問題經常使第一線的兒童照顧者及第一線的兒童保護專業人員（社工員）感到困惑不已。

一、管教兒童是父母的責任

有許多父母或照顧者相信「不打不成器」的說法，一說到子女管教，就是想到打罵教育，忘了管教是管理與教育，除了約束及懲罰，還需更強調正面的教育與引導，言行示範也非常重要。

古今中外，所有的社會裡均強調父母對子女的行為必須加以督導、限制及教育，以使孩子能發展一套合乎社會法律、規範或風俗習慣的行為方式，這也是協助兒童少年社會化的過程。我國〈民法〉第一千零八十五條對父母親權及懲戒有規定：「父母得於必要範圍內懲戒其子女。」我國〈兒童及少年福利法〉（2003 年 5 月 28 日公佈實施）也有許多對於父母的相關規定，敦促父母親要善盡對子女監督、管教、養育、保護的責任。不過正因為如此，加上我國社會文化長久以來父母親視子女為私人財產的觀念根深蒂固，就有部分父母親或照顧者藉著管教之名，而對兒童任意處置，施加暴力虐待之事實，造成兒童身心的傷害，甚至造成傷重不治死亡的結果。

兒童在成長的過程當中，難免會有不符合父母期望的行為或偏差行為發生，而父母若放任不管，不以正確合宜的方式教導之，使兒童陷於更大

的錯誤，甚或犯罪，自屬父母親失職（怠忽親職）。〈少年事件處理法〉第八十四條明文規定：「少年之法定代理人或監護人，因忽視教養，致少年有觸犯刑罰法律之行為，或有第三條第二款觸犯刑罰法律之虞之行為，而受保護處分或刑之宣告，少年法院得裁定命其接受 8 小時以上 50 小時以下之親職教育輔導」。因此，雖然父母親不應以管教之名行虐待之實，但是怠忽親職責任，不善盡管教之責之父母親或照顧者，亦應受罰。

二、正當管教 vs.暴力虐待

父母或照顧者管教子女雖是合理的親職任務，但若不講求教育的方法和好的親職技巧，以善誘導正為重心，動輒以毒打、羞辱、暴力等不當之方式對待孩子，造成兒童少年身心傷害或負面發展，就是虐待兒童。

學界有人將「暴力」（violence）區分成「正常的暴力」（normal violence）及「不正常的暴力」（abnormal violence），並將父母對子女基於愛及管教，偶而以手掌輕輕摑打孩子的臀部，界定為「正常的暴力」，為可接受的範圍。若以拳頭或工具毆打孩子導致身體傷害，或徒手（拳頭）重擊孩子的脆弱部位者，是屬「不正常的暴力」，或可稱虐待行為。

正當管教應該是以愛及兒少最佳利益為出發點，雖可能造成孩子暫時的不舒服感，但也不可真正傷害孩子的生理與心理，更不應流於情緒發洩及權威的自我催眠。

第五節　機構中的虐待行為

學校、托兒所、幼稚園、育幼院、教養院、兒童少年學園或家庭褓姆，均為接受父母及國家託付，對兒童少年負有教保的責任與教養義務的單位，因此，舉凡學校老師、行政人員、工友、幼稚園老師、司機、托兒所保育員、育幼機構社工人員、輔導人員及生活照顧人員、褓姆等，若對兒童少年有任何不當的行為及措施，足以使其身心受害或有受害之危險者，均屬兒童虐待。

近年來常發生學校老師對兒童施予體罰導致兒童受傷，常引起家長與學校或教師間極大的糾紛。學校教師常以「愛之深、責之切」來做為體罰學生的合理化藉口，而許多父母亦希望學校老師對自己的子女嚴加管教，「必要時要好好打，他才會成才」。不過這樣的社會現象的確使得兒童少年隨時可能承受被暴力對待的風險，甚至只是師長們發洩憤怒情緒的代罪羔羊。在 1977 年時，美國有一項全國性的調查指出，有 77%的中產階級父母認為：「必要時，應該對孩子施予身體上的處罰，以達到管教的目的」（English & Graham, 2000）。不過，合理的管教與虐待之間仍有差異，只是在生活中不易分辨，且許多管教人員也不想去分辨，以便便宜行事。

我國雖無正式全國性調查研究，但一般父母基於「望子成龍、望女成鳳」的急切心理，相信贊成體罰之比例亦不在少數。體罰常會不慎導致兒童的終身傷害，破壞兒童對學校與社會的觀感及親子間的感情，為兒童保護志業之大敵，需嚴加批判導正。我國教育部早已經明令各級學校在各種情形下均不得體罰學生，〈教育基本法〉也已明文規定禁止教師體罰學生，所以教育人員需以正當管教的方式與技巧去引導學生，以免觸法，不過，相信大多數的教師或管教人員仍然感到困惑。

第六節　兒童少年受虐之指標（含疏忽）與判斷

兒童少年保護社工員、具有法定責任需通報人員（如教師、醫師、護理人員、警察人員）於發現疑似兒少受虐案件，應有專業知識去判斷是否通報或正式啟動調查程序。兒少保社工到案家之後，應能做初步的評估，蒐集事實證據並研判是否為兒童虐待案件，決定是否接案或轉介。兒童保護實務界發展了一套「疑似兒童虐待與疏忽的身心指標」（Strand, Sarmiento, & Pasquale, 2005），提供兒童少年保護工作人員在接獲兒童虐待報案後，對兒童是否真正已遭受虐待有明確的參照標準。以下將此一指標簡錄如下：

一、身體虐待

(一)身體指標

　　兒童身體虐待的範圍，包括任何由照顧兒童者所造成的非意外性身體傷害（故意造成的身體傷害）。此身體虐待的情形也可能來自於過度及不符合兒少年齡、不適合情境的管教或懲罰。包括（但不限於）以下的情形：

1. 原因不明的瘀傷和鞭痕：(1)在臉上、唇上、或嘴邊；(2)在脖子、背部、臂膀、身體兩側、臀部、大腿上；(3)在身體各個不同部位同時出現（顯示從不同方向被打）；(4)瘀傷的癒合狀況不一，顯示出不同時間所造成的傷害（如傷痕顏色不同，新舊傷口都有）；(5)成串、整行的傷痕。傷痕顯示出由某些工具（如電線、皮帶、吊衣架、藤條、繩索、鐵鍊等）所造成；(6)在缺席後或週末日放假後返校經常出現；(7)其他。

2. 原因不明的灼傷：(1)有香或香煙燒傷、燙傷痕跡，尤其是在腳底、手掌、手腕、前臂、背部、腿上或屁股上；(2)燙傷，包括整隻手或手掌、整隻腳和腳掌、背部、臀部成環狀燙傷（尤其成對稱狀）；(3)明顯是使用某種工具（如電爐、熨斗、火鉗、爐火、香菸等）所造成的燒傷或灼傷；(4)其他。

3. 原因不明的骨折或脫臼：(1)在頭骨、手腳長骨、肋骨、鼻樑、臉部、肩部或手腕等部位；(2)不同時段發生的骨折；(3)任何 2 歲以下兒童的骨折；(4)經醫師診斷有多部位或螺旋狀的骨折或肋骨骨折；(5)其他。

4. 原因不明的割傷、裂傷、擦傷或刺傷：(1)在唇上、嘴邊、口內或眼眶；(2)生殖器、臀部及其周圍；(3)在手臂的內側、手背、腿或軀幹；(4)其他。

5. 原因不明的下腹部傷害或內出血：(1)下腹部的腫脹；(2)經常性嘔吐；(3)局部性的輕觸即感劇痛；(4)經醫師診斷有腸內血腫（由於

踢打重擊）、下腔靜脈破裂（由於踢打重擊）、腹膜炎（由於內臟破裂）或血尿（由於踢打重擊腎臟）；⑸齒痕：常出現的齒痕，尤其是成人所為或再發次數頗多；⑹經常性的發生意外事件或中毒事件；⑺經醫師診斷顱內硬腦膜或雙眼廣泛性視網膜出血；⑻其他。

㈡行為指標

兒童少年之行為亦可提供身體被虐待的訊息，有些疑似虐待個案，可能只有行為指標，亦可能身體指標同時出現。下列所述行為可能與身體虐待相關，社工人員及其他常有機會接觸兒少的人士（如學校教師）應對出現下列行為特質的兒童少年特別留意：

1. 害怕與大人接觸：當大人靠近他、抱他時，會顯得害怕、不安、發抖、想躲開。
2. 當其他小孩哭泣時，會顯出緊張、憂慮不安。
3. 對父母或照顧者顯露出害怕、恐懼。
4. 害怕回家：如說不敢回家或不想回家的話，或一旦回家就想哭泣或想往外逃。
5. 父母或家人提到小孩身上有傷，但無法合理解釋或解釋不符合邏輯。
6. 其他。

二、兒童疏忽

疏忽意指因故意或知識不足，對兒童的基本需求不加注意或無法注意，如不對兒童提供適當的食物、衣物、居住場所，醫療照顧、教育及成長發展所需之教養。與身體虐待相較，疏忽通常是長期、慢性、且較不容易被察覺。當工作人員察覺有疏忽的可能時，要特別留意及瞭解以下的情形：

1. 發生的次數或頻率是多少？
2. 對兒童少年的負面影響是什麼？

3. 是偶發性或經常性？

4. 固定在某些日子發生，如放假日或缺席後？

5. 是否有家庭問題、家庭壓力或重大危機出現？

6. 社區鄰里的生活方式或習性有無不同？

7. 是否因種族、文化、宗教特質的不同所造成？

(一)身體指標

1. 經常性的飢餓、外觀髒亂不整潔、有異味，或穿著不合時令。

2. 經常無人督導照護，或長時間做危險性的活動。

3. 經常出現疲倦、或無精打采的模樣。

4. 對身體上的問題，缺乏適當的照顧（就醫及處理），例如對傷口不加以處理、耳內化膿也未就醫、常有牙痛卻未就醫。

5. 被遺棄。

6. 其他。

(二)行為指標

1. 乞討、藏匿或偷取食物。

2. 經常在課堂上打瞌睡。

3. 常無法規律地上學。

4. 很早到學校且很晚才離開。

5. 疑似染上酒癮或藥癮。

6. 出現違法或偏差行為，如偷竊、破壞毀損等。

7. 抱怨無人照顧或關心。

8. 經常在外遊蕩，尤其在深夜。

9. 其他。

三、性虐待

　　性虐待包括任何成人（即加害人）以兒童少年為性的刺激或滿足性慾的對象，而發生與兒童少年（即受害者）有任何性的接觸（從暴露性器

官、觸摸性的部位及任何性交方式，含口交與肛交）。如果加害者的年齡在18歲以下，但其年齡長於受害者5歲以上，或其對受害者有照顧責任，或居於控制或支配地位，這類行為均認定為性虐待。當下述情形發生在兒童或少年身上時，專業工作人員應警覺是否有性虐待的情形：

1. 走路或坐下均有困難。
2. 在衣物上有撕裂、污漬或血跡。
3. 抱怨生殖器官疼痛或騷癢，或有異常分泌物。
4. 外生殖器部位（如肛門、陰道口、會陰部）及嘴巴或喉嚨有瘀傷、腫脹或流血等情形。
5. 罹患性病，尤其當患者是13歲以下時。
6. 懷孕，尤其是在青春期。
7. 抱怨排尿或排便會疼痛。
8. 經醫師診斷生殖器官血腫或裂傷。
9. 經常抱怨身體不舒服或腹部疼痛，經醫師檢查沒有生理上的原因。
10. 其他。

四、心理虐待

心理虐待包括成人或照顧者辱罵、恐嚇、藐視、貶抑或排斥兒童少年，或持續性的對兒少有不合情理的差別待遇，對兒童的福祉漠不關心。心理虐待很少有明顯的身體症狀，通常都是由兒童少年的外顯行為中察知，然而即使是行為指標，也很少是可立即察覺的。

(一)身體指標

1. 幼兒語言障礙。
2. 兒童身體發展上的遲緩。
3. 嬰幼兒成長衰竭症候群（因缺乏適當的營養與照顧而逐漸衰竭，甚而導致生命危險）。
4. 其他。

(二)行為指標

　　心理虐待可能單獨發生，但通常伴有身體虐待；有時也與性虐待同時出現。遭受心理虐待的兒童少年不盡然也遭受身體虐待，但遭受身體虐待的兒童少年幾乎都有受到心理虐待。

1. 偏差習慣：如吸吮、咬、搖晃、遺尿、餵食困難。
2. 行為障礙：如退縮與反社會行為（殘暴、偷竊、破壞等）。
3. 神經質：如睡眠障礙（夜驚、失眠）、無法如一般兒童盡情遊戲。
4. 精神官能症反應：如歇斯底里、強迫性思考行為、特殊恐懼、慮病等。
5. 極端行為：如凡事抱怨、極端被動或攻擊、過度要求或過度順從。
6. 過當的順應行為：不符年齡的老成或幼稚。
7. 情緒及智能發展的遲緩。
8. 企圖自殺或出現自我傷害行為。
9. 其他。

　　受心理虐待的兒童與情緒障礙（emotional disturbance）的兒童，其行為有頗多類似之處，但從父母的態度可做區別。通常情緒障礙兒童的父母比較會接納孩子的問題，他們會主動關懷孩子的福祉並主動向外求援，如求醫或使用其他幫助孩子的措施。相較之下，受心理虐待兒童的父母不是為問題而責怪孩子、就是忽視問題的存在，常拒絕任何外來的幫助、會刻意去忽略孩子的情緒或行為問題、對孩子的福祉常常漠不關心。

診斷與研判

　　社工員經過初步觀察，認為確是兒童虐待案件之後，即由接案進入到一連串的評估處遇工作流程。社工員到達案家之後，應以觀察、個別約談了解事實之經過，並同時留存各類可能於日後在法院所必備之證據，必要時可拍照或錄影存證。社工員必須能進行生態系統評估，探析施虐父母的

特質、受虐兒童的特質與處境，案家之家庭結構及互動關係。社工員在此階段應能評估虐待家庭恢復正常功能的可能性，即發生虐待病理因素被矯正的可能性。施虐父母通常包括以下之特質：

1. 似乎對孩子漠不關心。
2. 認為孩子是「壞的」、「不祥的」、「相剋的」、或「討債的」（冤親債主）。
3. 對孩子受傷之解釋不合邏輯、前後矛盾、令人難以相信，或根本無法合理解釋。
4. 刻意掩飾孩子受傷的事實，不願說出是誰傷害了孩子。
5. 對孩子有不切實際的期望，無法從親子關係中獲得滿足。
6. 控制衝動的能力差，自我形象低落，情緒不成熟。
7. 孤立無援，欠缺或拒絕親友的支持。
8. 常有酒癮或藥癮。

第七節　國家社會有保護兒童的責任

國家親權主義（*Parense Patriae*）是西方國家介入兒童少年虐待案件的基本哲學思想，認為國家是比自然父母親（natural parents）更重要的父母（照顧者），要能確保自然父母親善待其子女，讓兒童少年健全發展。在此觀念下，現代的思潮認為孩子不是父母親的私人財產，屬於國家的公共資產，如果發現自然父母虐待其子女或無法提供孩子適當的照顧與發展所需，則國家應該依法介入。社會公民是將公權力託付給政府機構（如：社政單位、警政單位、法院等），或合格的社會福利機構，民間團體或個人，由社會工作人員依其專業權威發揮功能，保護這些不幸兒童、少年免再遭任何形式的傷害。專業社工機構除了制止施虐父母的行為，或予以懲罰，更應該增強或補充其親職能力，必要時應剝奪其監護權，取代其親職責任，以確保兒童與少年能不再受害、能夠健全發展，成為國家的健全公民。

在國家親權主義的理念下，現代化國家與社會都會尊重聯合國兒童權力公約（參見附錄一）之精神，建構適當的法制，主動積極地介入施虐家庭去救援、保護與扶助不幸的兒童與少年。我國也在這樣的理念之下，本於〈兒童及少年福利法〉及相關的兒少法規，由國家的公權力透過行政及司法的力量去介入發生虐待事件的家庭，此為國家親權主義之落實與兒童保護理念實施之依據。因此，國家與社會各界從事兒童少年保護工作是合法、合理、合情的重要基礎工作。

兒童保護機構基於兒童少年福利之考量，可要求某些合適的或專業的特定對象（個人、家庭、團體或機構），負責照顧、監護受虐兒童少年，且可以不理會兒童父母（大多數的施虐者）之意願，甚至暫時剝奪其監護親權。專業保護機構亦不因兒童少年父母之抗拒就退縮，或因懾於其威脅而裹足不前。

參考資料

王淑女（1994）。家庭暴力對青少年暴力及犯罪行為的影響。**律師通訊**，**184**，39-48。

余漢儀（1995）。**兒童虐待：現象檢視與問題反思**。台北：巨流出版。

吳芝儀（2000）。**中輟學生的危機與轉機**。嘉義：濤石出版。

吳齊殷（1996）。**教養實施與青少年併發性偏差行為**。論文發表於台北市立師範學院與中華民國犯罪學學會主辦之「解構青春少年時：一九九六年台灣青少年犯罪與矯治問題」研討會，台北市。

邱怡瑜（2002）。**家庭暴力經驗對青少年性格影響之研究**。國立中正大學犯罪防治研究所碩士論文，未出版，嘉義縣。

高淑貴（1996）。**家庭社會學**。台北：黎明文化事業公司。

楊士隆（2006）。**犯罪心理學**。台北：五南圖書公司。

蔡文輝（1999）。**婚姻與家庭：家庭社會學**。台北：五南圖書公司。

蔡德輝、楊士隆（2006，增訂四版）。**犯罪學**。台北：五南圖書公司。

蔡德輝、鄭瑞隆（2003）。青少年暴力犯罪之成因：社會因素。載於蔡德輝、楊士隆（主編），**青少年暴力行為：原因類型與對策**（頁163-192）。台北：五南圖書公司。

鄭瑞隆（1988）。**我國兒童被虐待嚴重性之評估研究**。中國文化大學兒童福利研究所碩士論文，未出版，台北市。

鄭瑞隆（1999，1 月）。**推手或殺手？談台灣家庭與學校對青少年之影響**。論文發表於財團法人兩岸發展研究基金會舉辦之「兩岸青少年問題」研討會，台北市。

鄭瑞隆（2000）。**家庭暴力被害經驗與少年偏差行為關聯性之研究**。台北：行政院國家科學委員會專題研究報告。

鄭瑞隆（2003）。青少年暴力犯罪之成因：家庭因素。載於蔡德輝、楊士隆（主編），**青少年暴力行為：原因類型與對策**（頁 99-126）。台北：五南圖書公司。

鄭瑞隆（2001，5 月）。**家庭病理、青少年心理健康與偏差行為關係之探討**。載於輔仁大學舉辦之「2001 年青少年身心健康促進國際研討會」會議，台北縣。

鄭瑞隆（2004）。**親密暴力：成因、後果與防治**。嘉義：蜂鳥出版社。

Achenbach, T. M., & McConaughy, S. H. (1997). *Empirically based assessment of child and adolescent psychopathology: Practical applications* (2nd ed.). Thousand Oaks, CA: Sage.

Baird, C., & Wagner, D. (2000). The relative validity of actuarial- and consensus-based risk assessment systems. *Children and Youth Services Review, 22,* 839-871.

Camasso, M. J., & Jagannathan, R. (2000). Modeling the reliability and predictive validity of risk assessment in child protective services. *Children and Youth Services Review, 22,* 873-896.

Chandra, P. S., Shah, A. , Shenoy, J., & Kumar, U. (1995). Family pathology and anorexia in the Indian context. *The International Journal of Social Psychiatry, 41*(4), 292-303.

Cox, S. M., & Conrad, J. J. (1996). *Juvenile justice: A guide to practice and theory* (4th ed.). Madison, WI: Brown & Benchmark.

Crespi, T. D., & Rigazio-DiGilio, S. A. (1995). Adolescent homicide and family pathology: Implications for research and treatment with adolescents. *Adolescence, 31*(122), 353-362.

Crosson-Tower, C. (2002). *Child abuse and neglect* (5th ed.). Boston: Allyn and Bacon.

DePanfilis, D., & Zuravin, S. J. (2001). Assessing risk to determine the need for services. *Children and Youth Services Review, 23*(1), 3-20.

Durfee, M. (2002). *Child abuse and neglect: Guidelines for identification, assessment, and case management.* Volcano, CA: Volcano Press.

English, D. J., & Graham J. C. (2000). An examination of relationships between children's protective services social worker assessment of risk and independent LONGSCAN measures of risk constructs. *Children and Youth Services Review, 22*, 897-933.

Faller, K., Bowden, M., Jones, C., & Hildebrandt, H. (1981). Types of child abuse and neglect. In Faller (Ed.), *Social work with abused and neglected children: A manual of interdisciplinary practice* (pp. 13-31). NY: Free Press.

Fuller, T. L., Wells, S. J., & Cotton, E. E. (2001). Predictors of maltreatment recurrence at two milestones in the life of a case. *Children and Youth Services Review, 23*(1), 49-78.

Gambrill, E., & Shlonsky, A. (2000). Risk assessment in context. *Children and Youth Services Review, 22*, 813-837.

Giovannoni, J. (1989). Definitional issues in child maltreatment. In D. Cicchetti & V. Carlson (Eds.), *Child maltreatment: Theory and research on the causes, and consequences of child abuse and neglect* (pp. 3-37). NY: Cambridge University Press.

Goodman, S. H., Adamson, L. B., Riniti, J., & Cole, S. (1994). Mothers'expressed attitude: Associations with maternal depression and children's self-esteem and psycho-pathology. *Journal of the American Academy of Child and Adolescent Psychiatry, 33*, 1265-1274.

Hilton, N. Z., & Harris, G. T. (2005). Predicting wife assault: A critical review and implications for policy and practice. *Trauma, Violence, & Abuse: A Review Journal, 6*(1), 3-23.

Hirschi, T. (1969). *Causes of delinquency*. Berkeley, CA: University of California Press.

Janssen, I., Krabbendam, L., Bak, M., Hanssen, M., Vollebergh, W., de Graaf, R., van Os, J. (2004). Childhood abuse as a risk factor for psychotic experiences. *Acta Psychiatrica Scandinavica, 109*, 38-45.

Kemmelmeier, M. (2003). Book review: The impact of family violence on children and adolescents, by J. H. Kashani & W. D. Allen, Thousand Oaks, CA, 1998. *Sexualities, Evolution, and Gender, 5.1*, 51-56.

Lyle, C. G., & Graham, E. (2000). Looks can be deceiving: Using a risk assessment instrument to evaluate the outcomes of child protection services. *Children and Youth Services Review, 22*, 935-949.

Rand, D. C., & Feldman, M. D. (2001). An explanatory model of Munchausen by Proxy abuse. *International Journal of Psychiatry in Medicine, 31*(2), 113-126.

Scannapieco, M., & Connell-Carrick, K. (2005). *Understanding child maltreatment*. NY: Oxford University Press.

Shlonsky, A., & Gambrill, E. (2001). The assessment and management of risk in child welfare services. *Children and Youth Services Review, 23*(1), 1-2.

Simpson, D. G., Imrey, P. B., Geling, O., & Butkus, S. (2000). Statistical estimation of child abuse rates from administrative databases. *Children and Youth Services Review, 22*, 951-971.

Solomon, P. L., Cavanaugh, M. M., & Gelles, R. J. (2005). Family violence among adults with severe mental illness: A neglected area of research. *Trau-*

ma, Violence, & Abuse: A Review Journal, 6(1), 40-54.

Strand, V. C., Sarmiento, T. L., & Pasquale, L. E. (2005). Assessment and screening tools for trauma in children and adolescents: A review. *Trauma, Violence, & Abuse: A Review Journal, 6*(1), 55-64.

Van Den Bosch, L. M. C., Verheul, R., Langeland, W., & Van Den Brink, W. (2003). Trauma, dissociation, and posttraumatic stress disorder in female borderline patients with and without substance abuse problems. *Australian and New Zealand Journal of Psychiatry, 37*, 549-555.

Wiehe, V. R. (1996). *Working with child abuse and neglect: A primer.* Thousand Oaks, CA: Sage.

Wieland, S. (1998). *Techniques and issues in abused-focused therapy with children & adolescents: Addressing the internal trauma.* Thousand Oaks, CA: Sage.

Whiffen, V. E., & MacIntosh, H. B. (2005). Mediators of the link between childhood sexual abuse and emotional stress: A critical review. *Trauma, Violence, & Abuse: A Review Journal, 6*(1), 24-39.

Widom, C. S. (1989). The cycle of violence. *Science, 244*, 160-166.

Wiehe, V. R. (1996). *Working with child abuse and neglect: A primer.* Thousand Oaks, CA: Sage.

Zigler, E., & Hall, N. W. (1989). Physical child abuse in America: Past, present, and future. In D. Cicchetti & V. Carlson (Eds.), *Child maltreatment: Theory and research on the causes, and consequences of child abuse and neglect* (pp. 38-75). NY: Cambridge University Press.

兒
少

童虐待與年偏差

問題與防治

第 **2** 章

兒童少年受虐的結果與保護服務

兒童少年遭受虐待在身心方面造成的結果，常因虐待的類型及受虐時之年齡而有差異。不同年齡的孩子受虐，受虐之類型及受虐後的支持力量不同，其身心受影響之結果也會不同。常見的發現是，兒童少年受虐後常會出現內化型症候（internalizing syndromes）及外化型症候（externalizing syndromes）（Achenbach & McConaughy, 1997）。內化型症候常指焦慮症狀、憂鬱症狀、負面情緒感受（負面情感）、體化症狀（somatic complaints）、退縮症狀或社會孤立（Elliott, Cunningham, Linder, Colanghelo, & Gross, 2005）。外化型症候通常泛指偏差行為的問題，特別是攻擊行為症候、說謊、偷竊、逃學、逃家、酒精濫用問題等（Achenbach & McConaughy, 1997; Caetano, Field, & Nelson, 2003）。

攻擊行為或暴力行為是受虐兒少的重要而明顯的特徵，雖然大多數的受虐兒童並未變成暴力犯罪少年，不過暴力犯罪少年當中有相當高比例的人，曾在童年遭受嚴重的虐待，是一個不爭的事實（Lewis, Mallouh, & Webb, 1989）。受虐兒少也會出現其他各種偏差行為或反社會行為。童年受虐與日後的反社會行為及暴力攻擊行為關係密切，也受到研究支持。在美國曾經有兩個追蹤研究指出，童年受虐與日後被少年司法系統介入懲罰有密切關係，Silver 等人追蹤了 34 名受虐兒童，發現他們在 5 年內因為犯罪行為被少年法院介入的比例有 20%（轉引自 Silver, Dublin, & Loure,

兒童虐待與少年偏差——問題與防治

1969）；在一個大型的追蹤研究發現，5,392 名被虐待的兒童在日後 5 年追蹤期中被少年刑事司法機關介入的比例有 14%（Bolton, Reich, & Gutierres, 1977）。而 10 年後有 32%變成犯罪少年或犯罪人（Gray, 1984）。相較之下，一般少年大約只有 3%會犯罪（Lewis, Mallouh, & Webb, 1989），受虐兒童日後犯罪的機率，確實比一般兒童、少年高，可惜在我國尚缺乏長期追蹤之研究。

在受虐兒少比一般兒少可能出現較多的反社會行為、偏差行為，甚至暴力攻擊行為，兒少福利及保護部門以及少年犯罪防治機關，應該通力合作，思索如何對童年受虐（遭受家暴或目睹家暴）的兒童及少年進行專業協助，協助其減少發生各種偏差行為、反社會行為，或犯罪行為的機率，促使其能夠健全發展，日後建立自己的家庭時，也不要再複製家庭暴力或對兒少施虐的行為。

第一節　兒童少年受虐的後果

發展病態心理學模式（Developmental psychopathology model）強調兒童虐待會衝擊兒童少年的正常發展過程，此類兒童少年有身心發展偏差或出現病態心理的高度風險（Cicchetti, 1984; 1989）。這是一個近三十幾年才發展出來的整合型理論，融合許多學科對於個體身心問題的解釋。此模式以發展理論的觀點將各學科對各種文化、人口群、正常、異常的行為加以分析，強調以胚種學（embryology）、行為科學（behavioral science）、神經科學（neurosciences）、臨床心理（clinical psychology）、及實驗心理學（experimental psychology）的概念去研究人類認知（cognitive）、社會情緒（socioemotional）、語言學的（linguistic）、生物學的（biological）過程（Cicchetti, 1989）。兒童少年在不同的發展階段受到虐待、暴力被害，則其各方面發展的特質會出現全面的負面組織結構變化，對其本體基因遺傳過程（ontogenetic process）也可能產生衝擊，其社會性、情緒、認知、社會認知能力等，會有一系列的交互作用，使其在該

發展階段遭受發展上的障礙，接著往後的發展階段也會連帶受到影響與出現障礙（Cicchetti, 1989）。人類正常的發展是要融合前面的發展狀況與能力，去建構後續的發展品質，使其往後的發展適應及整合能力更佳。從這一觀點來看，受虐的兒童與少年在往後的發展階段受到障礙，因而產生適應不良及身心特質的偏差或異常，甚至出現病態結果，是可以被理解的。

一、身體虐待

遭受身體虐待的兒童少年，常會出現身體受傷的痕跡，如瘀傷（特別是身上多處方向不同的瘀傷）、破皮流血、骨頭裂傷（骨折）、頭顱裂傷或顱內出血、內臟出血、燒燙傷、灼傷。嬰幼兒頭部受傷及「嬰兒搖晃症」（shaken baby syndrome）（特別是對 2 歲以下的嬰幼兒）（Crosson-Tower, 2002; Tsai, Cheng, Lin, Fan, Lin, & Lee, 2005）都是極為危險的傷害，幾乎都是身體虐待的結果，致死率可達50%以上。遭受身體虐待的孩子日後會出現許多行為問題及情緒問題，因為孩童的行為通常是家庭氣氛的反映鏡子。嬰幼兒受虐會驚聲尖叫、激烈哭泣，動作發展、探索能力、認知發展及社會能力發展遲緩；幼童會出現容易驚嚇、退縮、壓抑、恐懼行為；兒童少年會出現憤怒、壓抑、暴力攻擊、自我傷害、憂鬱、被動、無助、害怕失敗、退化行為，部分受虐兒同儕關係較差，有些兒少會發展出奇佳的生存本能技術，善於討好別人或察言觀色，順應他人的要求（Crosson-Tower, 2002）。在外顯偏差行為的問題方面，特別是對他人或動物暴力攻擊行為、說謊、偷竊、逃學、逃家、酒精濫用問題等（Achenbach & McConaughy, 1997; Caetano, Field, & Nelson, 2003），十分常見。另外，也可能出現社會孤立（social isolation）或退縮的情形（Elliott, Cunningham, Linder, Colanghelo, Gross, 2005）。Caetano、Field 與Nelson （2003）研究了 1,635 對夫妻或同居男女（3,270 人），發現兒少身體虐待及目睹家庭暴力，與受虐者的酒精問題關係密切。曾經遭受身體虐待及經常暴露於家庭暴力（父母親間的婚姻暴力）的兒童及少年，其將來長大成人後，容易出現酒精依賴或酗酒的問題。從小就持續受虐的少年

特別容易逃家逃學，常在外漫無目標的四處找尋棲身之所，故容易被色情販子、不良企圖者或藥頭收容（Crosson-Tower, 2002），被引誘從事犯罪行為、吸毒或性交易。

二、性虐待

遭受性虐待的女孩人數比男孩更多，這是一般人的觀念及統計數字呈現的結果。美國學者 Finkelhor（1984）估計遭受性虐待的男孩占受性虐待兒少的 2.5%至 5.0%之間。不過另一學者 Porter（1986）的估計，真正遭受性虐待的男孩與女孩人數比例或許是 1:1，儘管男孩願意報案或說出來的人數遠遠少於女孩。遭受性虐待的兒少，會產生什麼負面後果？學者認為並非每一位遭受性虐待的孩子都會受到相同的影響，端視以下各種變項的影響（Crosson-Tower, 2002: 134）：

1. 性虐待的類型：某些在家庭內遭受亂倫的被害人會比在家外遭受性侵害的被害人受創更深，但是，如果家外性侵被害人曾遭凌虐或暴力對待，則其創傷亦非常深。

2. 加害人的身分：當加害人與被害人的關係密切時，被害人的創痛可能更深，因為被害人對加害人的信任感完全喪失，強烈感受被出賣的感覺。加害人可能是親生父親、繼父、兄弟手足、或母親，都對被害人產生程度不一的傷害。

3. 遭受性虐待的期間長短：大多數的性虐待都發生在被揭露時間點之前的 1 年至 3 年之間，如果是長期被性侵多達數年，則其創傷通常比單次被性侵更嚴重。不過，單次或少次數被性侵若兼有嚴重暴力或凌虐被害，則創傷亦十分嚴重。

4. 遭受性虐待的範圍（程度）：施虐者對被害人性侵的行為種類愈多及身體傷害的程度愈高，其創傷程度將愈深。

5. 性虐待發生時兒少的年齡：從發展的觀點來看，兒少在不同的年齡階段遭受到性虐待，對其造成的創傷效果不同。兒少對於性及身體的概念具有完整性的認知後受性虐待，其傷害較大。

6. 重要他人對於受侵害兒少揭露被害經驗後的直接反應：兒少遭受

性虐待後，很需要找到一位原可信任的大人（身邊的重要他人，例如母親）傾訴委屈，如果該重要人士可以相信她（他）、接納她（他）、保護她（他）、為她（他）仗義執言，則其傷痛會較小。但是，如果該重要人士無法相信她（他）、接納她（他）、保護她（他），甚至要她（他）不要再說、不可亂說、還進一步懲罰她（他）、怪罪她（他），則其創傷會加劇，可能將被害的秘密封鎖於心中，成為傷痛的秘密，一直到成年。

7. 揭露遭受性虐待的時點及內容：試著去告訴他人或揭露自己遭受性虐待事實的被害人，如果遇到人家不相信她（他），或她（他）沒有足夠的信心他人會相信她（他），則容易將心中的創痛變成秘密，一直留在心中自我困擾著，此情形會使創傷的經驗更為加劇。

8. 性虐待被害人的人格結構：每一位兒少的人格特質與結構差異很大，同樣的性虐待被害經驗對每一位受侵害的兒少可能會造成不一樣程度的創傷，有人會很嚴重，有人可能較輕微。

遭受性虐待的兒少被害人會有性器官或肛門（特別是男性兒少）的裂傷或血腫，陰部或乳頭受傷，大腿、背部、臀部瘀傷，若同時遭受身體暴力，則身上或臉部可能有多重的傷痕。兒少被害人的自我概念、自我價值感會遭受貶低，受到驚嚇、產生失魂、麻木、或解離現象，覺得自己骯髒、汙穢、不完整、沒價值、憂鬱，有些人有會感受到罪惡感或厭世，可能出現自我放逐或自我傷害的行為，容易激動、狂怒、情緒難以控制，逃家、逃學、藥物依賴、酒精依賴、性功能障礙或性的問題、人際關係問題、以身體或性與人建立關係，或偏差行為、性交易行為問題十分常見。

三、心理虐待

心理虐待是父母親或照顧者，或手足間對於受虐兒少造成情緒創傷，使得受虐兒少經常出現不適感、不成熟、孤立感、不被接納、不被關愛的感覺，他們的自尊低落且認為自己是不值得（沒有價值）的人。遭受精神虐待的兒少通常有向外反擊或向內自傷的兩極反應。他們可能對人產生敵

意、具有攻擊性、出現許多行為偏差問題，也可能把憤怒的情緒轉向自我內在，出現自我破壞、憂鬱、退縮、或自殺等心理狀態與行為，他們也可能會有體化症狀反應（somatic complaints），包括胃痛、氣喘、腹痛、緊張，或睡眠障礙。此類兒少因感受到不被疼愛，可能或將自己的遭遇向外訴說，試圖尋求外界支持，做出一些引起注意及關愛的行為；有些人則可能出現飲食失調症狀、企圖自殺、或從事偏差行為，這些狀況漸漸地成為此類受虐少年人格特質的一部份。心理虐待常見與身體虐待或性虐待一起出現。

第二節　兒童及少年受虐研究方法的問題

　　由於有研究倫理上的顧慮，對於兒少受虐後可能產生什麼負面的效應是無法以實驗方法來進行探討與驗證的，一般都是使用「逆溯式」（retrospective）的研究，對加以研究，也就是找出曾經在兒童少年階段受虐的少年或成年人，請他們以自陳報告（self-report）去回顧他們過去的受虐經驗，並將他們現存的身心問題與行為問題進行分析，找出受虐經驗與這些狀況的關係。或者，研究者也可以前瞻式（prospective）研究進行縱貫性的（longitudinal）觀察研究，類似「科夥」研究（cohort study）或「小樣本多次觀察」（併聯研究）（panel study）的研究模式，觀察受虐兒少3年後、5年後，甚至10年後之身心狀況及行為表現。不過，這樣的研究模式要花費數年的時間，甚至長達10年以上，對於大多數有時間限制的研究，可行性稍低。自陳報告的逆溯式研究模式雖有信、效度遭受質疑的情形，例如受訪者之記憶錯誤、扭曲思考、或故意誇大或限縮個人經驗等（Maxfield & Babbie, 2005），但是，卻也是到目前為止最主要的研究模式，因為前瞻式研究曠日廢時，且樣本不容易維持完整，常有嚴重流失的現象，研究之內在效度照樣會有問題。因此，到目前為止，大多數的兒少受虐經驗與受虐後之後果之研究，甚至絕大多數的社會行為研究，仍然以逆溯式研究為主。逆溯式研究對兒少受虐後之身心問題與行為問題之解

釋，有其固有的問題，研究者需更小心解釋及驗證。

第三節　兒童少年保護服務的適用時機

　　當父母沒有辦法或不願意履行父母的角色，或父母角色功能障礙，或兒童少年顯然已經遭受各種虐待時，兒童保護服務（child protective services; CPS）的介入均屬必要。因為家庭遭遇重大變故、父母親關係嚴重衝突、家庭經濟陷入困頓、父母角色功能履行無力、失敗或障礙之情況下，會導致兒童少年權益受損。當各種虐待或嚴重疏忽發生時，兒少正常的生理、心理、及社會發展明顯地遭受傷害，甚至會有生命遭受威脅之虞。我國之〈兒童及少年福利法〉對於各種對兒少不當對待而需專業介入之情形有諸多分散規定，這些情況整理如下列各種情形：

一、身體虐待

　　我國〈兒童及少年福利法〉第三十條：「任何人對於兒童及少年不得有下列行為：

　　1. 遺棄。

　　2. 身心虐待。

　　3. 利用兒童及少年從事有害健康等危害性活動或欺騙之行為。

　　4. 利用身心障礙或特殊形體兒童及少年供人參觀。

　　5. 利用兒童及少年行乞。

　　6. 剝奪或妨礙兒童及少年接受國民教育之機會。

　　7. 強迫兒童及少年婚嫁。

　　8. 拐騙、綁架、買賣、質押兒童及少年，或以兒童及少年為擔保之行為。

　　9. 強迫、引誘、容留或媒介兒童及少年為猥褻行為或性交。

　　10. 供應兒童及少年刀械、槍砲、彈藥或其他危險物品。

　　11. 利用兒童及少年拍攝或錄製暴力、猥褻、色情或其他有害兒童及

少年身心發展之出版品、圖畫、錄影帶、錄音帶、影片、光碟、磁片、電子訊號、遊戲軟體、網際網路或其他物品。

12. 違反媒體分級辦法，對兒童及少年提供或播送有害其身心發展之出版品、圖畫、錄影帶、影片、光碟、電子訊號、網際網路或其他物品。

13. 帶領或誘使兒童及少年進入有礙其身心健康之場所。

14. 其他對兒童及少年或利用兒童及少年犯罪或為不正當之行為。」

此條指出，凡對於兒童少年有身心虐待、利用兒童及少年從事有害健康等危害性活動等涉及身體虐待的情況，兒童及少年保護體系都應立即予以介入，營救或安置受虐的兒少，保護其安全，維護其正常身心發展與照顧的權益。誠如〈兒童及少年福利法〉第三十六條所言：

「兒童及少年有下列各款情形之一，非立即給予保護、安置或為其他處置，其生命、身體或自由有立即之危險或有危險之虞者，直轄市、縣（市）主管機關應予緊急保護、安置或為其他必要之處置：

1. 兒童及少年未受適當之養育或照顧。

2. 兒童及少年有立即接受診治之必要，而未就醫者。

3. 兒童及少年遭遺棄、身心虐待、買賣、質押，被強迫或引誘從事不正當之行為或工作者。

4. 兒童及少年遭受其他迫害，非立即安置難以有效保護者。」

政府主管機關或受政府委託之兒少保護機構於接獲各種通報之後，應立即採取行動，依照〈兒童及少年福利法〉之精神與規定，排除傷害兒少的因素、制止加害人，必要時兒少應該移出家庭、安置在寄養家庭或安置機構，當父母親的監護權需被剝奪方能有利於保護受虐兒少時，也應本於社工專業判斷，提出評估報告向法院請求或聲請裁定，採取斷然處置，以維護兒少之權益。

雖然身體虐待與嚴苛的管教間很難加以釐清，且我國的〈民法〉第一千零八十五條認為「父母得於必要範圍內懲戒其子女」是父母親親權的一部份，但是父母親或對兒童有照顧責任之人，基於事實的需要，即使對兒童採取管教、懲戒及處罰行為，也不可以逾越「不傷害兒少身心」的必要

範圍，懲戒的「合法暴力」雖是可被接受的行為，但是一旦逾越必要的範圍且傷害兒少之身心健康，則成為身心虐待，那是一種過度且不適當的暴力行為，是文明法治社會無法接受的暴虐行為。

管教（discipline）是很明確的針對兒童的行為不當或偏差之處，予以正確地糾正，明示改進的目的與方式，並且必須與父母期望兒童改進的行為相平衡。它需要符合兒少偏差行為嚴重性的比例原則，是以愛為出發點，以兒童的利益為最大考量。然而，許多父母打孩子打得過火，變成嚴酷殘忍，通常這些父母是以自己的需要為出發點，來發洩內心的怨懟情緒和盛怒。假使父母雖基於管教的理由，把孩子打成瘀傷，也是構成兒童虐待，需要兒童保護專業體系的介入。

根據美國的統計，發生身體虐待的家庭以低收入家庭、女性為戶長（woman headed family）、單親家庭居多（Crosson-Tower, 2002; Wiehe, 1996）。我國之資料顯示，到 2005 年底為止，該年度兒少虐待案件施虐者屬父母親或養父母者占 74.1%，若加上兒少近親、照顧者及同居人，則比例高達九成二。另外，亦有證據顯示，家庭失和及生活壓力、經濟入不敷出等與兒少身體虐待關係密切（台灣兒童暨家庭扶助基金會嘉義分事務所，2006）。

二、疏忽

兒童疏忽也是另一種虐待問題。以「行為」的角度來看，兒童虐待是一種「有作為式」（comission）的行為，有行為作為的積極性；而兒童疏忽是一種「非作為式」（omission）的行為，有省略不作為的消極性，而兩者均被學界認定為兒童虐待（Wiehe, 1996）。

兒童疏忽的範圍很廣，從對兒童之食、衣、住、安全、育樂、學習、醫療、行為管教、心靈及人格發展等方面之疏忽，到遺棄兒童均屬之。我國之〈兒童及少年福利法〉就有揭示，兒童及少年未受適當之養育或照顧，而非立即給予保護、安置或為其他處置，其生命、身體或自由有立即之危險或有危險之虞者，直轄市、縣（市）主管機關應予緊急保護、安置或為其他必要之處置（兒少福法第三十六條）。第三十條也明示，任何人

不得遺棄兒少，或剝奪或妨礙兒童及少年接受國民教育之機會。所以，父母親或照顧者若有長期不提供孩子生活照顧，或不留意孩子的課業表現，任其逃學而不管，甚至命令孩子不准去上學，都屬兒童疏忽的不當行為。

　　兒童少年疏忽方面還包括長期對孩子未盡監督管教之責，使孩子出現不正當的行為，如：粗暴破壞行為、吸煙、喝酒、偷竊、涉足不正當的場所、吸食毒品等，或縱容孩子之上述行為而不管，亦屬之。我國之〈少年事件處理法〉第八十四條之一亦揭示：「少年之法定代理人或監護人，因忽視教養，致少年有觸犯刑罰法律之行為，或有第三條第二款觸犯刑罰法律之虞之行為（即少年虞犯行為），而受保護處分或刑之宣告，少年法院得裁定命其接受 8 小時以上 50 小時以下之親職教育輔導。拒不接受前項親職教育輔導或時數不足者，處新台幣 3,000 元以上 10,000 元以下罰鍰。……」可見兒少之法定代理人或監護人（通常是父母親或親權代理行使人）不可忽視兒少之教養，否則有被法律追究之虞，此亦屬於兒少疏忽的範疇。

三、心理虐待或情緒疏忽

　　現代社會物質發達，父母親或許對子女之物質生活供應優渥，孩子生理需求不虞匱乏，但部分父母親或照顧者卻未能給孩子足夠的情愛和情緒需求滿足，此對兒童少年之心靈、情緒之負面影響，亦不下於生理需求之剝奪。

　　1979 年，全美國已有 32 州將心理傷害（情緒虐待與疏忽）列入其兒童虐待相關法規當中。現在全美各州的兒虐或兒保相關法規中，都已經同意心理虐待或情緒疏忽是兒童虐待定義的一部份（Giovannoni, 1989）。

　　「情緒疏忽」可被定義為：父母未提供正常經驗的機會，讓孩子有被愛、被接納感、安全感和價值感，使孩子欠缺健康、客觀的能力以與他人建立關係（Mulford, 1958; Crosson-Tower, 2002）。遭受情緒虐待的兒童會顯現出極端焦慮、抑鬱、退縮、或無端的攻擊行為，或對自己或他人有敵意。

　　情緒疏忽比較難以明確的字句在法條中明確的界定，且其對兒童傷害

的結果，亦較難以明確評估。不過，強調情緒疏忽論者，通常留意兒童情緒健康情形、心理幸福滿足感、情緒適應狀況、情緒障礙或心理傷害情形，並認為父母親對孩子未給予足夠的親情、關愛，忽略孩子的心靈健全或根本拒絕親情的付出，就是情緒疏忽。

有些父母經常惡言辱罵孩子、故意說孩子不是自己親生的、惡意將孩子與他人或動物相比，使孩子自我形象低落、自尊心受損、情緒緊張、產生無用感，均屬對兒童之情緒疏忽或心理虐待。若有明確的事證或強烈懷疑時，兒童少年保護服務專業人員就可介入。

四、性虐待

性虐待不只包括陰道性交、口交、肛交，還包括手淫、戲弄性器、暴露性器等行為，特指成人或對兒童有照顧責任之人，對兒童少年（大多數是女孩）以脅迫、恫嚇、利誘、或其他的方式，從事上述的各種行為，以滿足其性慾（Giovannoni, 1989）。

由此觀之，一般父母或照顧者對兒童之擁抱、親吻、碰觸、愛撫等，是否不當？Rosenfeld（1977）曾指出一個標準來區分性虐待與可接受的情感交流，他表示：不可藉由與兒童身體部位之接觸來滿足成人的性慾。因此，類似父母為幼子女洗澡或清潔身體等表現愛、溫暖與適當照顧的行為，是合理正當的；但若任何人對兒童少年身體接觸以得到性的刺激與滿足，就是性虐待。

性虐待受虐者大多是女童，年齡從 2、3 歲到 16、17 歲都有，尤其以青春期少女及青春期前的女童最容易受害。亦有男童受害者，通常施虐者是對男童的肛門施予插入行為，稱之為「雞姦」（sodomy）。施虐者也可能對男童手淫（撫弄男童的性器官）或要求男童為他手淫或口交。

性虐待之施虐者大多數為成年男性，如兒童或少年（少女）之親生父親、繼父、養父或其母親之伴侶，鄰里社區中之男性長輩；如果是親生父親、繼父、養父對女兒性虐待，或母親與兒子發生性交行為，都可稱為「亂倫」（incest），但母子亂倫案件數甚少，多數的亂倫案件為父女間所發生。

性虐待之施虐者與受虐者多半是熟識之人，對受虐者多用其權威或影響力或金錢、物質誘迫就範，但亦有以暴力逼迫成姦者（Crosson-Tower, 2002）。舉凡兒童之親生父母、繼父母、父母之同居人、同住之親戚、社區中之長輩、同學或學長、學校老師或職工、鄰居等，均有可能成為施虐者，若有發現這些狀況，各類常與兒少接觸的專業人員都應該立即通報兒少保護主管機關，接案社工員需儘速介入。

兒童性虐待對兒童身心的殘害之深，及此類案件不易被外界發覺的事實，使兒童保護服務體系將兒童性虐待之研究、防治、復健、治療列為首要目標。鄭瑞隆（1988）在「我國兒童被虐待嚴重性之評估研究」中發現，被全體受試者（兒童福利人員）評定「最嚴重」的兒童虐待就是性虐待。可見，性虐待防治在兒童保護服務之迫切性。

五、使兒童處於不健康或不道德的情境中

兒童少年與沉溺於酗酒行為的父母親同住，或與從事性交易、從事犯罪行為、及藥物成癮的父母同住，均會對於他們的道德及心靈有相當嚴重的殘蝕，對兒童少年之健全成長有極大的威脅。

亦有兒童少年住家在酒吧、理容院、賭場內，與從事特種行業的父親或母親同住，樓上樓下同住者均是娼妓、賭徒、吸毒者或有犯罪習性者，這些環境及互動的人均會使兒童之認知觀念受到負面影響，其道德水準無法向上提升，導致在年紀很輕時就可能陷入犯罪的生涯。

我國〈兒童及少年福利法〉第二十八條謂：「兒童及少年不得出入酒家、特種咖啡茶室、限制級電子遊戲場及其他涉及賭博、色情、暴力等經主管機關認定足以危害其身心健康之場所。父母、監護人或其他實際照顧兒童及少年之人，應禁止兒童及少年出入前項場所」。第二十九條謂：「父母、監護人或其他實際照顧兒童及少年之人，應禁止兒童及少年充當前條第一項場所之侍應或從事危險、不正當或其他足以危害或影響其身心發展之工作」。因此，如果父母、監護人或其他實際照顧兒童及少年之人明知兒童及少年經常出入不良場所而不加以禁止，甚至讓孩子長住其內或在該等不正當場所工作，則兒童及少年保護服務體系應該予以介入。

為兒童及少年準備一個良善、健康、能砥礪上進的生活環境，是身為父母者、監護人或照顧者無可旁貸的責任。「昔孟母，擇鄰處」，就是為人母者苦心孤詣避免給孩子一個不健全、不道德的生活環境最佳的寫照。

六、剝削

父母基於己身之利益，迫令或誘使兒童或少年去從事一些不合理的勞力工作，或工作過度，或命令孩童去乞討、教唆孩子去偷竊，甚至從事色情行業（雛妓），以滿足私慾。此舉不僅戕害兒童身心，剝削與壓榨兒童的勞力，並剝奪兒童正常之休閒活動、社會活動及學習活動，對兒童之身體、心靈、社會性、智能發展、生涯發展等均造成無法彌補的傷害，兒童少年日後的情緒健康、生活能力及社會競爭力將會受到極大的戕害，嚴重地破壞社會正義。我國〈兒童及少年福利法〉第三十條規定，任何人不得強迫、引誘、容留或媒介兒童及少年為猥褻行為或性交；任何人不得利用兒童及少年拍攝或錄製暴力、猥褻、色情或其他有害兒童及少年身心發展之出版品、圖畫、錄影帶、錄音帶、影片、光碟、磁片、電子訊號、遊戲軟體、網際網路或其他物品。發現上述這些剝削兒童及少年的情況時，兒少保護專業體系應儘速介入，防止孩子再受更大傷害或剝削。〈兒童及少年福利法〉第三十六條規定，兒童及少年有遭受買賣、質押或被強迫或引誘從事不正當之行為或工作者，直轄市或縣（市）主管機關應予緊急保護、安置或為其他必要之處置。

第四節　兒童保護服務的程式與處遇目標

一、個案發現與接案

兒童虐待案件通常是在兒童家裡發生，由於家庭對外之封閉性，加上孩童之語言表達能力及求助能力有限，使得兒童虐待案件不易被外界發現，更遑論被兒童保護機構或警方掌握而立即介入。因此，吾人可確信，

被報告到兒童保護機構的兒童虐待案件，僅是全部兒童虐待發生數的少數，即所謂「冰山一角」。

在討論兒童虐待案件如何發現時，值得推廣與確實遵守的是「責任報告制」（mandatory reporting）。「責任報告制」是以法律條文明訂最常接觸兒童少年虐待案件的各種專業人員於發現兒少虐待或疑似虐待案件時，必須立即向兒童及少年保護機關報告，若隱而不報將受處罰。我國 2003 年施行之〈兒童及少年福利法〉第三十四條就規定，醫事人員、社會工作人員、教育人員、保育人員、員警、司法人員及其他執行兒童及少年福利業務人員，知悉兒童及少年有受虐情形者，應立即向直轄市、縣（市）主管機關通報，至遲不得超過 24 小時，否則依法可受處罰。筆者認為，「責任報告制」之法律在我國確立已久，應責令所有專業人員確實遵行，不容怠忽，並應向全民來推展，將檢舉兒童虐待案件之責任加諸每一位國民身上，尤其是特定人員，如兒童之學校老師、鄰居、親戚等，更應加強兒童少年保護的認知，而兒童少年保護專線是全天候 24 小時均有專人接聽、受理報案，全國之保護網絡周密建立，救援保護行動不容遲延。

兒童保護機構於接獲報案後，應視案件之急迫性，做最快的處理，明顯致命性案件應即刻派出社工人員前往案家，一般案件應於 24 小時內處理，方能合乎〈兒童及少年福利法〉之規定。

二、調查與評估

社工人員到達案家進行訪視，最重要的任務是確認是否真正是兒少虐待案件，是屬什麼類型的虐待案件？受虐的兒童及少年有無生命及身體的立即危險？是否可能再次受暴（亦即加害人再次施暴的危險性多高）？並且對案家進行緊急介入及干預，確保受虐的兒少能獲得暫時庇護及安全，有無送醫診療、驗傷採證之必要，故必須能依照專業判斷是否需要先將受虐兒少移出案家。在調查階段，社工與員警應通力合作蒐集與兒少受虐相關之人、事、時、地、物資訊，以具體明確的說詞及證據去確認兒少虐待案件之真偽。

在緊急的介入及調查之後，社工人員即進入個案之評估階段。生態系統評估（eco-systematic assessment）是最重要且最基本的個案評估模式。生態系統強調人類的行為與問題受到其本身的微視系統（生理特徵、人格、認知、內在心理特質）、中視系統（生活的立即環境，如親子關係、夫妻關係、家庭互動及家人關係）、鉅視系統（社會環境、社會制度、社會資源系統等）的影響。故社工員需要以受虐的兒少為核心，對其受虐的原因進行分析，例如，該受虐兒少之生理狀況、心理特質、行為、氣質、與家人的關係、與父母或照顧者的互動關係、與手足或其他家人的關係、家庭的社經背景與經濟問題、父母或照顧者的偏差問題、家庭問題的狀況、社區的助人資源、與各種社會制度互動的狀況、獲得社會資源的機會或可能性等，提出該兒少受虐的原因分析，並從而評估其處遇的方向與策略，提出短、中、長期的處遇計畫。主責社工員或接案社工員宜以個案管理（case management）的模式，籌措或動員其可及的社會資源或專業資源，投入個案的協助，並協助進行資源之整合、轉介或媒合，採取具體的行動去處遇或協助受虐兒少，並隨時追蹤處遇狀況與進行必要的調整。

三、處遇目標與方法

兒童保護機構對兒童虐待案件之處遇重點，是要「防止已受虐之兒童再次受虐待或疏忽，並對案家進行各項服務或矯治的工作，以消除導致虐待情境的因素，使家庭恢復正常、健全功能」。其終極目標是要保存該家庭結構、功能之不墜（不致崩潰、解組），以使兒童生活在其親生家庭中，並能獲得一切需要的滿足。

基本上，對任何兒童及少年而言，如果他們的原生家庭功能健全、家庭環境與氣氛適合他們健全成長，則原生家庭是最適合他們成長的環境。原生家庭可能遭受問題衝擊導致照顧功能暫喪失或混亂，社工人員應該想辦法協助或支持父母親使其能儘速恢復照顧兒少的功能。但是，如果原生家庭的問題難以處理、功能缺損過於嚴重、家庭氣氛與家庭環境難以恢復到適合於照顧該兒童及少年，則社工人員應該慎重考慮將該受虐兒少移出不良或缺損嚴重的家庭環境，為他們另覓合適的生活環境，例如暫時性的

照養單位（如寄養家庭或短期機構安置），或長久的照養（如收養或長期機構安置）。對兒童少年虐待案件之處遇方式，要視案家恢復功能之可能性及兒童少年遭遇危險之程度，將處遇方案分為三種：

　　1. 家庭維護方案（family preservation programs）。

　　2. 家庭重整方案（family restoration programs）。

　　3. 永久安置方案（permanent placement programs）。

「家庭維護方案」是社工員評估受虐的兒少沒有立即危險性，讓受虐的兒童或少年仍能生活於案家中，只要能對暫時失控或失功能的父母親或照顧者提供支援性的服務，他們的照顧功能就能獲得恢復，兒少也能如往常一般安全地成長於案家。因此，社工員決定將兒童少年放在原家庭裡繼續過原來的生活，社工員會設定一段改善的期間，定期訪視案家、定期評估，給予施虐者必要之心理諮商、夫妻溝通、親職技巧之教授，或對案家之實際困難給予協助（例如提供或協助經濟救助或職業介紹），使受虐兒童少年能生活在安全、熟悉的環境中。這是一種「支持性」的服務（supportive service）。

　　「家庭重整方案」的使用，是當社工員專業評估判斷，案父母或照顧者由於問題的衝擊，暫時無法善待孩子或照顧功能暫時無法恢復，必須將兒童少年暫時移出原來的家庭，才能確保兒童少年的安全時，應考慮暫時將受虐的孩子安置在寄養家庭或使用短期的機構安置。社工員由專業知能的判定，如未將兒童少年遷出家庭，很可能讓他們在短時間內再受立即的危險，或短期內案家功能無法恢復正常之時，即應採取家庭重整方案。當兒童少年已經移出案家獲得妥善照顧時，社工員應該利用該期間內對施虐父母或照顧者進行介入處遇，例如提供親職教育、溝通技巧訓練、情緒管理訓練、戒癮治療（酒癮或藥癮）、夫妻聯合會談或治療、生心理疾病之醫療等。社工員並將施虐父母或照顧者改善情形，或案家功能恢復情形詳加記錄，進一步評估，並作為決定暫時離開案家之兒少是否重返家庭、何時重返家庭之判斷依據。這是一種補充式的兒少福利服務（supplemental child welfare services）。

　　「永久安置方案」指經過社工員專業評估的結果，認定施虐者不可能

有任何改善，或親子關係無修補之可能性，除了剝奪親權外，不可能使兒童少年獲得保障時，就必須採取將受虐兒少永久安置方案。永久安置方案是將兒童少年安置在長期安置機構或採取收養（adoption）的方式為之，這是一種替代式的服務（substitutive service），而家庭重整方案則常是暫時將兒童安置在保護機構、中途之家、緊急庇護中心，或採寄養家庭方式，待兒童之原來家庭功能恢復，或施虐者不再出現虐待行為之後，而社工員之定期訪視仍屬必要（Kadushin, 1980）。

社工員對案家進行處遇時，應以「非懲罰性」（nonpunitive）的態度來面對案主及施虐父母，由於虐待家庭（abusive family）出現危機的徵兆，常是由高風險家庭（high risk family）演變而來，若對於家庭內之危機因素或虐待之潛在因數未予去除，則對虐待家庭處遇成效將大打折扣。社工員對虐待個案之處遇服務，經常包括下列方式：

1. 對案家進行個案工作及監督，持續進行個案管理。
2. 精神病理諮商，特別是針對有精神疾病或藥酒癮的施虐父母。
3. 團體治療，對類似性質或問題的施虐父母提供治療性團體。
4. 家務員服務，對於照顧功能有障礙或困難的家庭提供家務料理服務。
5. 短期安置，提供受虐兒少暫時性的替代照顧，補充家庭功能之不足。
6. 施虐父母自助團體，施虐父母具有改善自覺者或已改善者之定期聚會、相互討論、支持與協助。
7. 日間托兒服務，對於因病或因工作或處理家務而無法自行照顧幼兒的家庭，提供免費的日間托兒（托嬰）服務。
8. 謀職諮商、職業訓練及轉介，提供有經濟困難與職業困難的施虐父母，使其能經濟自足、提高自尊。
9. 酗酒及藥物濫用之戒治與處遇，對因用藥或酗酒而施虐的父母提供此項服務。
10. 長期安置，當家庭完全崩裂，或親子關係已經無法恢復之個案，提供此項服務。

四、法院行動

「法院行動」（court action）在兒童少年保護行動中應建設性的使用，亦即應將法院行動定位在「保護兒童，使免於一切的虐待與疏忽」的後盾及強制作用力，而不是「嚴懲施虐者的最後訴求」。社工員應以正向的、考量支持兒少最佳利益的態度，審慎地運用法院行動。

社工員對案家進行詳細評估之後，發現案家改善之可能性甚低，或兒童少年已遭十分嚴重的虐待，或施虐者已觸犯刑法等，均可檢具完整資料、證據，由機構法律顧問進行法院行動，社工員亦應撰寫詳實客觀的初步調查報告，提供司法單位裁判之參考。

法院行動的結果，經常是兒童少年監護權的暫時或永久轉移，施虐者受到罰金或徒刑之處分。法院行動之後，兒童保護案件尚未結束，兒少保護社工員仍必須追蹤、訪視，監督法院命令或裁定被落實或遵守的狀況，輔導兒童少年之正常生活，以社會工作之專業技術，使兒童少年之身心發展正常或受創身心得以復原。

社工員提供給受虐兒童及少年重建計劃服務包括：就醫治療、心理諮商、創傷治療、團體治療、遊戲治療、家庭寄養、急難救助、收養服務。

第五節　兒童少年保護服務的展望

在觀念上，兒童少年保護逐漸由「懲罰式」走向「合作、支持式」，對案家及案父母抱持更多的同理及接納，不再以責怪的態度待之，而是鼓勵及協助他們能與兒少保單位合作，提升他們的權能感，避免再傷害孩子。由於兒童少年虐待的發生經常是多重家庭問題、經濟問題、施虐者身心病態或親子關係失調的表現，社工員的態度應從問題解決及孩子最佳利益（the best interests of the child）之維護的取向開始，爭取父母的合作，共同為案家重建功能。畢竟兒童少年還是最適合成長於功能健全的原生家庭，除非原生家庭真的已經無法恢復功能了。

　　我國社會大眾、政府機關近幾年來對兒童少年虐待及保護之觀念已大有進步，對問題之認知也日趨深刻。在制度方面，我國從事兒童少年保護工作的單位日漸增多，除了中央政府之內政部兒童局之外，還有家庭暴力及性侵害防治委員會，以及縣市政府社會局，但其他民間機構大多數仍為單獨從事，缺乏全面性的協調聯繫，成效自然較為薄弱。因此，在「責任報告制」及「中央登記系統」已經建立之後，中央政府及地方縣市政府主管單位應更積極統籌、指揮策進，使兒童保護由點擴大至線與面，全面提升專業保護服務的品質。

　　在社工人員方面，由於我國之兒童保護專業之傳授通常是在大學院校之社工系所、青兒福系所，以及犯罪防治系所，每年培育之專業保護社工員或輔導人員為數不少，可是其實務工作能力、累積之工作經驗及福利待遇均有待提升。宜在大學院校之社工系所、青兒福系所廣開紮實的兒童保護相關課程，提升社工人員的薪資與福利待遇，給予比照公務人員的保障，以強化我國兒童保護工作人員的久任及素質。

　　在法規方面，雖然我國尚無單獨的兒童保護法，但 2003 年立法院將原來之〈兒童福利法〉與〈少年福利法〉合併修成之〈兒童及少年福利法〉，該法已經是相當進步前瞻的立法，加上原有〈刑法〉、〈民法〉及〈少年事件處理法〉之相關規定，我國之兒少保護相關之法規已經相當夠用。現在的問題是，許多公私立機構專職人員及經費欠缺，資深且經驗豐富的社工人員較不足（由於社工人員流失率甚高），現職第一線社工員之案件負荷量過大，社工督導系統未臻健全，民眾保護兒童與少年之概念薄弱且不習慣向警方或社工單位兒保部門（113 專線）舉發疑似虐童案件，國家社會缺乏堅實有效的家庭照顧政策與方案，特別是對於較低社會經濟地位的危機家庭（如長期失業、夫妻離異、具有藥酒癮者之家庭或精神異常者之家庭），應該強勢介入採取「緊迫盯人」式的個案介入及處遇，進行兒童保護，同時對其他可能受虐的兒童施予預防性的社工干預，否則均會使兒童保護工作遭遇許多障礙與盲點。

　　兒童保護工作是一「科際整合」（interdisciplinary）的服務工作，必須結合各種有關的專業人員，各盡其力，各司其職，並有社工單位進行個

案管理與協調聯繫方可克竟全功，這些專業人員有精神科醫師、內科醫師、小兒科醫師、護理師、社工師（員）、法官、員警、諮商及臨床心理師。全國各地之政府與民間機構均應普設兒童保護、家庭暴力防治委員會或工作小組，經常橫向聯繫、溝通觀念、齊一工作理念與原則，使各專業人員都能協力合作，積極行動，如此，兒童保護工作方可落實。

參考資料

台灣兒童暨家庭扶助基金會嘉義分事務所（2006）。**嘉義家扶季刊，114** (2)。

鄭瑞隆（1988）。**我國兒童被虐待嚴重性之評估研究**。中國文化大學兒童福利研究所碩士論文，未出版，台北市。

Achenbach, T. M., & McConaughy, S. H. (1997). *Empirically based assessment of child and adolescent psychopathology practical applications* (2nd ed.). Thousand Oaks, CA: Sage.

Bolton, F. G., Reich, J. W., & Gutierres, S. E. (1977). Delinquency patterns in maltreated children and siblings. *Victimology, 2*, 349-357.

Caetano, R., Field, C. A., & Nelson, S. (2003). Association between childhood physical abuse, exposure to parental violence, and alcohol problems in adulthood. *Journal of Interpersonal Violence, 18*(3), 240-257.

Cicchetti, D. (1984). The emergence of developmental psychopathology. *Child Development, 55*, 1-7.

Cicchetti, D. (1989). How research on child maltreatment has informed the study of child development: Perspectives from developmental psychopathology. In Cicchetti & V. Carlson (Eds.), *Child maltreatment: Theory and research on the causes, and consequences of child abuse and neglect* (pp. 377-431). NY: Cambridge University Press.

Crosson-Tower, C. (2002). *Understanding child abuse and neglect* (5th ed). *Bo-*

ston: Allyn & Bacon.

Earls, F., & Barnes, J. (1997). Understanding and preventing child abuse in urban settings. In J. McCord (Ed.), *Violence and children in the inner city* (pp. 207-255). NY: Cambridge University Press.

Elliott, G. C., Cunningham, S. M., Linder, M., Colanghelo, M., & Gross, M. (2005). Child physical abuse and self-perceived social isolation among adolescents. *Journal of Interpersonal Violence, 20*(12), 1663-1684.

Finkelhor, D. (1984). *How widespread is child sexual abuse? Perspective on child maltreatment in the 80s.* Washington, D.C.: National Center on Child Abuse and Neglect, Department of Health and Human Services.

Giovannoni, J. (1989). Definitional issues in child maltreatment. In D. Cicchetti & V. Carlson (Eds.), *Child maltreatment: Theory and research on the causes, and consequences of child abuse and neglect* (pp. 3-37). NY: Cambridge University Press.

Kadushin, A. (1980). *Child welfare services* (3rd ed.). NY: Macmillan Publishing Co..

Lewis, D. O., Mallouh, C., & Webb, V. (1989). Child abuse, delinquency, and violent criminality. In D. Cicchetti & V. Carlson (Eds.), *Child maltreatment: Theory and research on the causes, and consequences of child abuse and neglect* (pp. 707-721). NY: Cambridge University Press.

Maxfield, M. G., & Babbie, E. (2005). *Research methods for criminal justice and criminology* (4th ed.). Belmont, CA: Wadsworth Thomson Learning.

Mulford, R. (1958). Emotional neglect of children. *Child Welfare, 37*, 65-74.

Porter, E. (1986). *Treating the young male victim of sexual assault.* Syracuse, NY: Safer Society Press.

Rosenfeld, A. A. (1977). Incest and the sexual abuse of children. *Journal of the American Academy of Child Psychiatry, 16*, 334-336.

Silver, L. B., Dublin, C. C., & Loure, R. S. (1969). Does violence breed violence? Contributions from a study of the child abuse syndrome. *American*

Journal of Psychiatry, 125(9), 1252-1258.

Tsai, T-H, Cheng, J-L, Lin, M-C, Fan, W-S, Lin, C-W, & Lee, C-S. (2005). Shaken baby syndrome. *Taiwanese Journal of Psychiatry, 19*(3), 237-243.

Wiehe, V. R. (1996). *Working with child abuse and neglect: A primer*. Thousand Oaks, CA: Sage.

Wieland, S. (1997). *Techniques and issues in abuse-focused therapy with children and adolescents: Assessing the internal trauma*. Thousand Oaks, CA: Sage.

第 **3** 章

兒童虐待被害經驗與
少年偏差及犯罪行為

兒童與青少年在家庭中遭遇到各種暴力對待（含身體虐待、性虐待與精神虐待），與其日後之偏差或犯罪行為關係密切，曾獲得多個研究支持（王淑女，1994；陳毓文，1999；鄭瑞隆，1997，2000；Widom，1989a, 1989b, 1995）。研究者通常以犯罪少年為研究對象，去比較其曾遭受各式暴力經驗的多寡，是否顯著地多於一般少年。不過研究者也經常問一個問題：「家庭暴力被害經驗（兒童虐待被害）真的會導致兒童少年成為犯罪少年嗎？其影響力到底多少？有無其他的影響因素？會不會是兒童少年本身原就有偏差或犯罪行為，所以其管教者才對他們施暴？到底受虐經驗與偏差或犯罪行為何者為因何者為果？一般論述中的因果關係是否真的成立？」這些問題也許需要許多研究的檢驗方能證實，所以，本文所探討者，只是就研究者個人的實證研究發現，試圖對以上問題回答一二。

第一節　兒童虐待被害與少年偏差（犯罪）行為之相關論述

　　從社會學習理論（social learning theory）來看，學者認為暴力行為和其他行為一樣，是經由學習的方式得來，而觀察模仿（observation and modeling）是一個很重要的學習歷程，暴力行為乃是示範學習的結果，養育者施用暴力行為對待家人或兒童，兒童與少年就可能從中學習相似的暴力行為。Mathew（1995）的研究也強調，攻擊是學習而來的行為，主要是家庭成員互動的結果。Bandura 和 Walters（1963）的研究也支持，兒童的行為（尤其是暴力行為）乃是直接觀察或模仿父母親或同儕的行為而形成（Bandura & Walters, 1963; Bandura, 1973）。

　　偏差行為的研究者借用社會學習理論發展出獨特的「差異接觸理論」（differential association theory）（Sutherland, 1939; Sutherland & Cressey, 1978），此論認為，偏差行為是學習而來的，特別是在溝通的過程中與他人互動學習而得，其學習主要是來自親密的人際關係團體，例如家庭或學校，而不是經由政治力與法律規範。因此，以此觀點來看，在家庭暴力中成長的兒童，受虐經驗使他們容易學習到以暴力的方式來解決問題，或獲得自己想要的東西，同時可能也對暴力或攻擊行為覺得理所當然，將暴力的使用合理化。

　　以暴力的循環（cycle of violence）觀點來看（Hampton & Coner-Edwards, 1993），在兒童虐待和暴力的文獻中共同的結論指出，一個觀察父母施暴（目睹暴力）或是成為暴力的受害者（親身經歷暴力虐待），或在兒童期處於高度家庭暴力環境中的人，長大之後較容易成為施虐者（Cox & Conrad, 1996; Straus, Gelles & Steinmetz, 1980）。所以，從生態系統的角度觀之，暴力的家庭環境與施虐的父母，容易教養出偏差行為或暴力行為的少年，成為犯罪少年之機率因而大增。

　　如同毆打兒童一樣，毆打妻子事件也與遭受暴力的經驗有關，在幼年

時期曾遭受暴力的男人，長大後比在幼年時沒有遭受暴力的男人，更常攻擊妻子。內科醫師 Gayford（1975）和其他研究者一樣，發現施暴者和受害者雙方在孩童時都曾遭受過暴力，也發現曾經觀看父母間暴力的幼年經驗（目睹家暴兒童）也與配偶間的攻擊有關。這項發現對男性來說是正確的，曾觀看父母使用暴力的男孩通常長大後較易虐待妻子，但是這項發現對女性來說並不正確，曾觀看父母使用暴力的女孩並不一定會變成有暴力傾向的成人。反而幼年曾經受暴的婦女長大後卻也容易成為婚姻關係中暴力的受害者，這一點頗值得深入細究。

從病理模式來看，家庭病理與兒童被虐待有密切關係，而遭受各式暴力虐待的孩子，其個人身心亦會出現較多的病理特徵，例如反社會人格異常（anti-social personality disorder）或邊緣性人格異常（borderline personality disorder），導致將來長大之後較容易出現暴力、傷人自傷或情緒障礙及其他違犯的行為，成為家庭暴力施暴者之機率較高。兒童成長早期在家庭中所接受的教養與關愛品質，對日後是否產生犯罪或偏差行為具有相當高的預測力（Hirschi, 1969），也就是說，青少年時期的偏差行為往往是孩童時期缺乏適當的家庭教養與關愛所造成。兒童少年會將其在家庭中之見聞與遭遇等經驗，內化為自己的價值、觀念、態度與信念，影響其身心健康，並形成其人格型態與行為的模式，甚至成為青少年憂鬱症狀的病源（吳齊殷，1996；Cox & Conrad, 1996）。如果兒童少年從小在家庭中所獲得的遭遇與經驗是病態的，則這些病因會在無形當中滲入他們的心靈中，成為日後心理與行為問題的根源。

然而值得注意的是，這並不代表所有在兒童階段經歷暴力事件的暴力受害者，長大之後都會變成施虐者，同時這也不表示在幼年時期未經歷暴力經驗的孩童，長大之後就不會有暴力行為（Gelles, 1993）或犯罪，而根據 Kaufman 與 Zigler（1987）指出約只有 30%的施虐父母，在其兒童時期曾被暴力虐待過。

有許多文獻都直接或間接強調，家庭暴力被害經驗，與目睹家庭中成員使用暴力互相對待，對於家庭成長中的兒童與青少年，有非常負面的影響，使得他們長大以後較易成為犯罪人或施虐者（Bartol, 1995; Wicks-Ne-

lson, & Israel, 1997; Widom, 1989a, 1989b）。犯罪少年中，曾在幼年遭受身體虐待之比例也不低（周震歐，1989；蔡德輝、楊士隆，1997），從娼少女小時候曾遭性虐待之比例達到30%（鄭瑞隆，1997）。此類說法在國內亦普遍存在，但影響路徑之實證研究成果非常少，王淑女（1994）曾以一般國中生為樣本，調查其家庭暴力經驗對偏差行為之影響，發現影響青少年暴力行為之最大影響者為家庭，尤其是手足間及父母之暴力行為，不過其研究並未將樣本擴及於犯罪少年，亦無對照組。因此，對於此現象仍需更多之本土性實證研究之深入探討，以釐清觀念與明確之關聯程度，作為介入家暴之兒童虐待案件與預防少年犯罪之參考依據。

第二節　研究方法

為了探究兒童與少年在其同年曾經遭受家庭暴力傷害的經驗，對其日後在少年時期行為的影響，是否會造成更多的偏差行為或犯罪行為，筆者曾以實證蒐集犯罪少年及一般少年之被害經驗與偏差行為出現的頻率，進行關係性質與影響路徑之分析，茲將研究過程分述如下：

一、研究對象

(一)研究母群

本研究之母群（population）對象分為兩類，其一為少年犯罪矯正機構收容之犯罪少年〔指桃園少年輔育院、彰化少年輔育院、高雄明陽中學（原高雄少年輔育院）及新竹誠正中學（原新竹少年監獄）等國內4個犯罪少年矯正機構收容之少年〕；其二為雲嘉南地區就讀於國中、高中、高職及五專前三年級之學生，此為本研究所稱之一般少年母群。

(二)研究樣本與抽樣

在犯罪少年部份，本研究採取1/4之配額隨機抽樣比例，從台灣地區

四個少年矯正機構進行抽樣。共隨機抽取男性犯罪少年 383 人，占全體受試犯罪少年之 75.5%。由於女性犯罪少年均收容於彰化少年輔育院，故對彰化少輔院之女性少年進行普查施測，共有女性犯罪少年 124 人，占全體受試犯罪少年之 24.5%。犯罪少年總樣本數為 507 人。

在一般少年部份，本研究係以學校為抽樣單位，採 1/4 之抽樣比例對雲林、嘉義、台南地區 5 個縣市之國中、高中、高職學校進行隨機抽樣，共抽取 43 所學校，2,221 位學生，其中男性有 1,104 人（49.7%），女性有 1,117 人（50.3%）。

本研究全體樣本總數為 2,728 人，其中男性有 1,487 人（54.5%），女性有 1,241 人（45.5%）。

二、研究工具與測量

本研究之資料蒐集工具有三種，均為研究者自編之問卷。其一為「受虐（家庭暴力被害）經驗自陳量表」（見附錄三及附錄四），其二為「青少年偏差行為自陳量表」（見附錄三及附錄四），其三為「青少年家庭生活狀況自陳量表」。另外，本研究也探索兒少在受虐後可能產生之生理、心理及行為方面的負面結果，均為受試者自陳報告。在生理負面結果方面有紅腫、瘀血、破皮、流血、刺痛、挫傷、扭傷、內傷、脫臼、骨折等，心理負面結果方面有悲傷難過、羞愧丟臉、憤怒憎恨、驚慌失措、沒安全感、怪罪自己、怪罪施暴者、怪罪社會、怪罪家庭、一片茫然、焦慮不安、陷入無助、想要報復、骯髒噁心等。負面因應行為有報復、反擊、逃家、離家、吸毒、逃學、輟學、自殺等。

本研究依兒童虐待定義及相關文獻中探討之兒童虐待或家庭暴力內涵為基礎，自編「家庭生活經驗自陳量表」，問題涵蓋身體虐待、心理虐待、性虐待、照顧與教養疏忽、不當行為示範及剝削等 6 個面向，由於問題涵蓋面周延，故有良好的內容效度（content validity）。被害經驗特指少年從小曾經「親身被害」之經驗，主要以青少年家庭生活內容為問項，詢問受試青少年從小至今是否親身經歷該項情況？次數多少？藉以測量受試者之受虐經驗（家庭暴力被害經驗）。其次，本研究亦參考國內外有關

青少年犯罪行為與偏差行為相關研究之內涵與問卷，自編「青少年偏差行為自陳量表」，主要係詢問受試青少年在過去一年中（一般少年）或在被收容前一年內（犯罪少年），曾經從事各問項所描述之行為次數，藉以測量受試者之偏差或犯罪行為次數。

再者，本研究以自編之「青少年家庭生活狀況自陳量表」為工具，蒐集受試者之家庭結構、家庭社經地位、父母親職功能、親子關係與家庭氣氛、家人互動等情形，藉以釐清這些中介因素在受虐兒少是否產生偏差行為，或從事犯罪行為之過程中，扮演何種角色。

三、研究問題與假設

本研究之研究問題為：

1. 犯罪少年與一般少年從小之受虐（家庭暴力被害）經驗有何異同？

2. 犯罪少年與一般少年之偏差行為發生情形有何異同？其偏差行為與受虐（家庭暴力被害）經驗之相關程度如何？

3. 犯罪少年與一般少年之家庭背景因素，與其受虐（家庭暴力被害）經驗與偏差行為之相關性如何？

4. 犯罪少年與一般少年之受虐（家庭暴力被害）經驗，對其犯罪或偏差行為之發生是否有影響？

本研究之虛無假設為：

1. 犯罪少年與一般少年之受虐（家庭暴力被害）經驗沒有差異。

2. 犯罪少年與一般少年之偏差行為發生情形沒有差異。

3. 犯罪少年與一般少年之偏差行為與受虐（家庭暴力被害）經驗無關。

4. 犯罪少年與一般少年之受虐（家庭暴力被害）經驗，對其犯罪或偏差行為之發生沒有影響。

第三節　受試少年之基本人口學特性與家庭背景分析

　　本研究全體受試者共有 2,729 人，其中男性少年 1,487 人（54.5%），女性少年 1,241 人（45.5%），性別遺漏值 1 人。其中一般學生有 2,222 人，犯罪少年有 507 人。一般學生中男性有 1,104 人（49.7%），女性有 1117 人（50.3%），遺漏值 1 人；犯罪少年中男性有 383 人（75.5%），女性有 124 人（24.5%）。

　　一般少年均為國中、高中、高職、專科前三年之在學學生，年齡從 12 歲至 21 歲，其中以 17 歲者最多（20%），15 歲其次（19.8%），其他依序為 16 歲（18.9%）、14 歲（17.8%）、13 歲、……。

　　一般少年教育程度以國中最多（57.1%），高中職其次（38.6%）；族群分佈以一般本省人最多（95.7%），其次為外省人（1.6%）、客家人（1.4%），原住民只有 0.5%。絕大多數一般少年未婚（98.1%）。

　　本研究樣本中犯罪少年的年齡，從 11 歲至 21 歲，以 18 歲者最多（26.6%），其次為 17 歲者（20.5%），再次為 19 歲者（18.1%），其餘依序為 16 歲者（16.2%），15 歲者（8.1%），20 歲者（6.1%），14 歲者（3.4%），其餘年齡者均占極少數。

　　犯罪少年教育程度以國中程度最多（85.4%），高中職其次（8.7%），國小程度者 5.3%，專科以上程度者只佔 0.4%；而國中程度者國中未畢業者占 69.4%，國中畢業者占 16%。

　　犯罪少年族群分佈以一般本省人最多（71.6%），其次為外省人（9.1%）與客家人（9.1%），原住民占 7.9%。絕大多數犯罪少年未婚（92.7%）。家庭收入方面，犯罪少年表示不知道或不清楚者最多，占 49.7%；其他最多者為每月收入在 3 萬至 6 萬元（21.2%），其次為 3 萬元以下（16.1%），再次為 6 萬元至 9 萬元（6.9%），9 萬元以上者占 3.8%。

　　一般少年父親之職業以體力勞力工最多（21.3%），其次為技術工（15.6%），再次為小自營商（13.9%），農林漁牧業占 11.2%，商業或服務業受雇人員有 9.2%，軍公教人員為 7.0%，無業或無固定工作者 5.4%，高級專業人員 3.3%，父親已死亡者 2.8%，父親行方不明或不詳者 3.4%，父親在監服刑者 0.3%。

　　一般少年母親之職業以家庭管理最多（30.1%），體力勞力工其次（16.7%），其他依序為技術工 10.5%，小自營商 9.0%，商業或服務業受雇人員 8.7%，農林漁牧業 6.1%，高級專業人員 3.4%，軍公教人員為 3.3%。母親無業或無固定工作者 3.9%，不詳或行方不明者 2.8%，母親已死亡者占 1.1%，從事非傳統行業者（特殊行業）0.8%，有 1 人表示母親在監服刑。

　　一般少年父母親均存且同住者占 85.1%，父母均存但已離婚者有 6.0%，父母均存但已分居者有 3.8%，父亡母存者 3.1%，父存母亡者 1.1%，父母均亡故者 0.4%，父母均行方不明或不知去向者 0.2%。

　　一般少年表示父母親感情很好者有 44.4%，父母親感情普通者 39.6%，父母親感情冷淡者 2.8%，父母親感情不睦者 2.3%，父母親經常吵架者 4.3%，對父母親無印象或不清楚父母感情狀況者 5.9%。

　　一般少年之主要管教者，表示父母親均是者最多，占 56.5%；母親為主要管教者有 27.5%，為父親者占 9.9%；有 2.5%表示祖父母才是主要管教者，有 1.4%表示其他親戚是主要管教者。

　　至於管教者對少年之管教效果，一般少年認為普通者 65.3%，非常有效者 21.6%，有 6.1%表示不太有效，3.6%表示很少被管教，1.7%表示毫無拘束力，0.4%表示管教者根本不管。

　　管教者對少年之管教方式，一般少年表示嘴巴說說唸唸最多（51.5%），溫和溝通好言相勸其次（38.4%），表示惡言或大聲辱罵者有 4.6%，有 2.9%表示又打又罵，有 0.6%表示放任不管。

　　一般少年對其家庭生活之滿意程度，表示非常滿意者有 14%，滿意者有 35.1%，表示不滿意與非常不滿意者有 10.3%，表示普通者最多，有 40%。

　　一般少年其家庭中發生衝突與爭吵事件的情形，表示不曾發生過者有 4.6%，不常見者有 46.5%，表示普遍與非常普遍者有 18%，表示普通者（有時候會發生）占 30.2%。

　　一般少年表示其家庭中發生暴力行為事件的情形，只有 1.4%表示非常普遍，3.6%表示普遍，兩者合計 5.0%；表示不常見者 36.4%，不曾發生過暴力行為事件者有 50.7%。

　　被問到覺得自己的家庭幸福嗎？一般少年有 16.1%表示非常幸福，34.4%表示幸福，表示普通者為 41.3%，表示不幸福與非常不幸福者占 6.9%。

　　一般少年之父親偏差行為方面，少年表示父親有酗酒者21.2%，吸毒者 1.0%，賭博者23.3%，父親曾自殺者0.5%，父親有嫖妓者1.2%，父親有心理疾病者0.7%，有犯罪前科者2.0%。在母親的偏差行為方面，一般少年表示母親有酗酒者2.3%，吸毒者0.6%，賭博者5.3%，母親曾自殺者1.6%，母親曾從事性交易者0.4%，母親有心理疾病者0.7%，有犯罪前科者0.6%。在家人（父母親之外的家庭成員）的偏差行為方面，一般少年表示家人有酗酒者 12.2%，吸毒者 2.3%，賭博者 14.2%，家人曾自殺者1.2%，家人曾從事性交易者0.5%，家人有心理疾病者0.9%，有犯罪前科者1.8%。

　　整體而言，一般少年有 25.1%表示自己與父親的關係密切，12.3%表示非常密切，表示普通者48.3%，表示疏遠與非常疏遠者有10.6%，沒有父親者有3.1%。一般少年與母親的關係，36.9%表示密切，表示非常密切者25.3%，表示普通者31.3%，表示疏遠與非常疏遠者有3.7%，沒有母親者有2.3%。一般少年與親兄弟姊妹的關係，36.3%表示密切，表示非常密切者22.5%，表示普通者35%，表示疏遠與非常疏遠者有2.8%，沒有親兄弟姊妹者有2.8%。

　　家庭收入方面，表示每月收入 3 萬元以下（36.1%）最多，不知道或不清楚者亦不少，占 32.1%；其他最多者為每月收入在 3 萬至 6 萬元（22.3%），再次為 6 萬元至 9 萬元（4.9%），9 萬元以上者占 2.0%。

　　犯罪少年父親之職業以體力勞力工最多（21.7%），其次為技術工

（14.0%），再次為小自營商（8.9%），商業或服務業受雇人員有6.1%，農林漁牧業占3.9%，高級專業人員1.8%，軍公教人員為1.0%，無業或無固定工作者9.5%，父親已死亡者10.8%，父親行方不明或不詳者8.3%，父親在監服刑者2.6%，父親從事非傳統行業（特種行業）者有1.0%。

犯罪少年母親之職業以家庭管理最多（21.9%），體力勞力工其次（18.1%），其他依序為技術工7.5%，小自營商6.7%，商業或服務業受雇人員6.3%，高級專業人員3.4%，農林漁牧業1.2%，軍公教人員僅占0.2%。母親無業或無固定工作者5.3%，不詳或行方不明者13.0%，母親已死亡者占3.4%，從事非傳統行業者（特殊行業）3.6%，有1人表示母親在監服刑。

犯罪少年父母親均存且同住者占42.4%，父母均存但已離婚者有29.2%，父母均存但已分居者有9.9%，父亡母存者11.4%，父存母亡者3.7%，父母均亡故者2.0%，父母均行方不明或不知去向者0.8%。

犯罪少年表示父母親感情很好者有22.7%，父母親感情普通者28.6%，父母親感情冷淡者3.0%，父母親感情不睦者9.7%，父母親經常吵架者12.6%，對父母親無印象或不清楚父母感情狀況者22.1%。

犯罪少年之主要管教者，表示父母親均是者最多，占32.3%；母親為主要管教者有25.3%，為父親者占23.8%；有5.5%表示祖父母才是主要管教者，若再加上為祖父或為祖母者，隔代教養比例為13.2%，5.3%表示其他親戚是主要管教者。

至於管教者對少年之管教效果，犯罪少年認為普通者58.8%，覺得非常有效者10.8%，有13.6%表示不太有效，9.1%表示很少被管教，6.1%表示管教者對其毫無拘束力，0.2%表示管教者根本不管。

管教者對少年之管教方式，犯罪少年表示溫和溝通好言相勸最多有40%，嘴巴說說唸唸其次有32%，表示又打又罵者有11.8%，惡言或大聲辱罵者有8.9%，經常毆打者有4.1%，另有1.0%表示放任不管。

犯罪少年對其家庭生活之滿意程度，表示非常滿意者有13.8%，滿意者有27.8%，表示不滿意與非常不滿意者有18.1%，表示普通者最多，有39.6%。

犯罪少年其家庭中發生衝突與爭吵事件的情形，表示不曾發生過者有 6.1%，不常見者有 46.9%，表示普遍與非常普遍者有 23.9%，表示普通者（有時候會發生）占 22.5%。

犯罪少年表示其家庭中發生暴力行為事件的情形，有 2.8%表示非常普遍，8.5%表示普遍，兩者合計 11.3%；表示不常見者 44.6%，不曾發生過暴力行為事件者有 29.4%。

被問到覺得自己的家庭幸福嗎？犯罪少年有 11.0%表示非常幸福，25.6%表示幸福，表示普通者為 43.4%，表示不幸福與非常不幸福者占 19.3%。

犯罪少年之父親偏差行為方面，少年表示父親有酗酒者 43.8%，吸毒者 7.1%，賭博者 26.4%，父親曾自殺者 1.4%，父親有嫖妓者 3.7%，父親有心理疾病者 1.8%，有犯罪前科者 16.6%。在母親的偏差行為方面，犯罪少年表示母親有酗酒者 15.2%，吸毒者 2.8%，賭博者 13.0%，母親曾自殺者 4.7%，母親曾從事性交易者 1.8%，母親有心理疾病者 1.8%，有犯罪前科者 3.4%。在家人（父母親之外的家庭成員）的偏差行為方面，犯罪少年表示家人有酗酒者 31.4%，吸毒者 16.0%，賭博者 21.7%，家人曾自殺者 1.6%，家人曾從事性交易者 2.8%，家人有心理疾病者 1.4%，有犯罪前科者 22.1%。

整體而言，犯罪少年有 18.7%表示自己與父親的關係密切，9.9%表示非常密切，表示普通者 36.1%，表示疏遠與非常疏遠者有 25.6%，沒有父親者有 9.5%。犯罪少年與母親的關係，25.8%表示密切，表示非常密切者 26.0%，表示普通者 23.1%，表示疏遠與非常疏遠者有 13.0%，沒有母親者有 11.4%。犯罪少年與親兄弟姊妹的關係，27.0%表示密切，表示非常密切者 23.7%，表示普通者 32.3%，表示疏遠與非常疏遠者有 6.9%，沒有親兄弟姊妹者有 9.3%。

整體而言，本研究樣本一般少年及犯罪少年均以 17、18 歲居多，教育程度大多數為國中程度，父親職業均以體力工勞力工居多，母親職業均以家庭管理居多、體力工勞力工居次。一般少年父親的職業屬高級專業人士及軍公教比例遠高於犯罪少年，一般少年母親職業屬於軍公教者之比例

也高於犯罪少年。犯罪少年之父親無業、已死亡、行方不明、在監服刑之比例都高於一般少年，母親從事特種行業的比例也比一般少年高。

與一般少年相比較，本研究樣本之犯罪少年還有以下差異的特徵：家庭每月總收入較差、父母親均存且同住之比例較低、父母親離異之比例較高，父母親感情不睦、關係不佳、經常吵架之比例較高，親子關係較差、隔代教養比例較高。家庭管教採取嚴重暴力管教或又打又罵的比例較高。父母親或家人有犯罪或偏差行為之比例較高，例如：吸毒、賭博、性交易、酗酒、犯罪前科較多。曾經自殺或有心理疾病者之比例也較高。犯罪少年自認為家庭不幸福、家人對其管教無效之比例都比一般少年高很多。

第四節　少年偏差行為與兒少虐待受虐類型之歸類

本研究將少年偏差（犯罪）行為自陳報告之各題項共 39 題，經因素分析與人工調整方式，歸納為 5 大因素（類），分別命名為少年之「暴力攻擊行為」、「身份偏差行為」、「校園偏差行為」、「非法取財物行為」、「魯莽逃避行為」（表 3-1）。並將少年受家暴經驗自陳報告各題項共 46 題歸納為 6 大被害類型，分別命名為「性虐待」、「身體虐待」、「精神虐待」、「照顧與教養疏忽」、「不當行為示範」及「剝削」等（表 3-2）。

表 3-1　少年偏差行為題項經因素分析歸類表

暴力攻擊行為	4. 隨身攜帶刀械、槍枝、或其他危險物品。 14. 脅迫他人或同學強取他的金錢或物品。 16. 用拳頭、木棒、鐵器、瓶罐等物打傷他人（含學校同學或教職員）。 23. 吸食毒品或使用其他迷幻藥物。 25. 觀賞暴力影片或摔角。 38. 刮他人汽車或洩氣破壞他人的汽車。
身份偏差行為	1. 深夜在外遊蕩。 2. 在校園裡公然抽煙。 3. 無故逃家或離家出走。 8. 出入下列場所（如：MTV、KTV、茶藝館、汽車旅館、賭博性電動、玩具店等）。 17. 賭博。 18. 喝酒。 19. 吃檳榔。 20. 紋身。 21. 與異性發生性關係。 22. 用機車或汽車來飆車。 24. 閱讀黃色書刊（色情漫畫、小說或圖片等），或觀看A片。 30. 在學期間無故曠課（生病除外）。 34. 曾經參與幫派或不良組織。 35. 常和有犯罪習性的人在一起。
校園偏差行為	6. 在求學過程當中曾經因故受到警告以上的處分。 7. 毀損學校、街道、公園的物品或在大眾交通工具上塗鴉。 9. 故意捉弄同學或朋友。 10. 頂撞或侮辱師長。 11. 和班上同學吵過架或打過架。 12. 在深夜裡大聲喧嘩而吵到街坊鄰居。 13. 在教室內製造怪聲音而遭老師指責。 26. 考試作弊。 33. 在學期間因害怕考試而藉故不到校參加考試。
非法取財物行為	5. 在百貨公司、超級市場、書局、商店等場所偷竊。 15. 未經他人允許便拿走他人物品而佔為己有。

兒童虐待與少年偏差

問題與防治

（續上表）

	27. 看電影或搭車沒有付錢。
	29. 勒索他人錢財。
	31. 未經父母同意，擅自拿取其金錢。
魯莽逃避行為	28. 向同學、朋友借錢而故意不還。
	32. 做錯事情卻不敢承認（敢做不敢當）。
	36. 口出穢言或三字經。
	37. 偷看異性換衣服或洗澡。
	39. 隨地大小便。

表 3-2　少年家庭暴力經驗因素分析歸類表

性虐待	1. 父親或母親與你發生性關係。
	2. 父親或母親用香煙灼燒你的性器官、臀部或胸部。
	3. 父親或母親玩弄你的生殖器。
	6. 父親或母親向你敘述他們兩人發生性關係的情形。
身體虐待	4. 父親或母親用拳頭打你的臉部或頭部。
	8. 父親或母親毆打你的肚子。
	9. 父親或母親超過 24 小時未給予你食物。
	10. 父親或母親將你浸泡在過熱的熱水中；或用熱燙的水噴你。
	15. 父親或母親把你關在衣櫥裏作為懲罰。
	16. 父親或母親猛搖你的肩膀，並使你撞牆。
	25. 父親或母親用木棍毆打你。
	34. 父親或母親用手掌摑打你的頭部。
	37. 父親或母親用皮帶鞭打你。
精神虐待	18. 父親或母親大部分時間均忽視你，很少與你交談或聽你講話。
	22. 父親或母親經常對你大聲吼叫，並用髒話辱罵你。
	24. 父親或母親經常拿你與其他兄弟姐妹作比較，偶而也會故意說，你不是他們親生的。
	35. 父親或母親總是忿怒地咒罵你。
照顧與教養疏忽	12. 當你生病、肚子餓或哭泣不停，父親或母親忽視不理。
	13. 父親或母親酒醉後開車，而且把你也放在車上。

（續上表）

	17. 父親或母親把你禁閉在家裡，僅給予食物、洗澡等基本生理需要。
	23. 父親或母親經常整個晚上不在家，留下你單獨一人，無人相伴。
	26. 父親或母親常常未能定時為你清潔梳洗。
	27. 父母親經常將你留置在鄰居家玩，沒有考慮有誰在照顧你。
	29. 父親或母親知道你在學校不守規矩，經常曠課或逃學，卻置之不理。
	30. 父親或母親不關心你是否穿乾淨的衣服。
	31. 父親或母親拒絕支付家庭生活費用。
	32. 父親或母親不帶你去看牙醫。
	33. 父親或母親不按時為你準備正餐。
	38. 父親或母親不檢查你是否刷牙。
	39. 父親或母親從未檢查你是否做完學校規定的家庭作業。
	46. 父親或母親因照顧疏忽而使你從樓上墜落。
不當行為示範	4. 父親或母親曾經吸食毒品。
	11. 父親或母親經常拿色情圖片或播放成人影片給你看。
	19. 父母親在你看得見的地方，進行性行為。
	21. 對你有監護權的離婚父親或母親，從事色情行業。
	40. 父親或母親喝酒的時候，也要你一起喝。
	44. 父親或母親觀賞限制級的影片或錄影帶時，允許你在場觀賞。
剝削	14. 父親或母親唆使你把偷來的物品拿去銷售。
	20. 父親或母親挪用你的生活費或教育費用，去買煙、酒或毒品。
	28. 父親或母親經常無正當理由，而不讓你去上學，剝奪你接受國民教育的機會。
	42. 父親或母親本身或教唆他人利用你，從事妨害健康之危險性特技表演。
	43. 父親或母親本人或他人，利用你去街頭行乞，或販賣物品。
	45. 父親或母親本人或允許他人對你拐騙或買賣來賺錢。

兒童虐待與少年偏差——問題與防治

（續上表）

	7. 父親或母親唆使你去偷竊別人或商場的東西。
	36. 對你有監護權的已離婚的父親或母親，常帶異性伴侶返家。
	41. 對你有監護權的已離婚父親或母親，經常與異性朋友發生性關係。

第五節　犯罪少年與一般少年受虐經驗的差異（兼論性別差異）

　　本研究發現，不論是犯罪少年或一般少年，男性少年在受虐經驗與偏差行為之得分均比女性少年高。男性少年的受虐經驗（t=12.11, p<.001）、偏差或犯罪行為（t=62.08, p<.001）、受虐之後的生理傷害（t=12.84, p<.001）、受虐後之心理傷害（t=11.08, p<.001）及受虐後之負面因應行為（t=31.21, p<.001），均比女性少年嚴重（表3-3）。可見男性少年可能因為較為好動，或從事的活動較易與社會規範或其他同儕發生衝突，其偏差行為比女生多，較易遭受父母親或管教者不當管教，而他們遭受暴力對待時所造成的生理傷害也較女生嚴重（施虐者可能對男生下手較重、較常施暴），而受虐後所採取的負向行為反應，如逃家、逃學、輟學、離家、報復、反擊、自殺、吸毒……等，男性少年也比女性少年更嚴重。

　　本研究欲檢驗的重要假設之一，就是要驗證是否犯罪少年真的比一般少年遭受更多家庭內受虐經驗。經t檢定統計考驗發現，兩組少年之家庭內受虐經驗、偏差行為情形、受虐後之心理傷害情形、生理受傷情形、受虐後採取的負面因應行為等，其差異均在統計上達到非常顯著的水準，請參見表 3-3。亦即，犯罪少年明顯地比一般少年遭受更多家庭暴力（虐待）之經驗。犯罪少年進入機構收容之前1年內之偏差行為比一般少年受試之前1年內之偏差行為更多，其差異達顯著。犯罪少年受虐後比一般少年有更嚴重的生理受傷、心理創傷、所採取之負面因應行為，亦比一般少年多。

表 3-3　兩類少年獨立樣本 t 檢定表

項目	少年類別	人數	平均數	標準差	t 值
偏差行為	一般少年	2,222	19.12	24.39	62.08***
	犯罪少年	507	118.44	55.51	
受虐經驗	一般少年	2,222	5.74	15.75	12.11***
	犯罪少年	507	16.96	28.68	
心理創傷	一般少年	2,222	10.68	17.79	11.08***
	犯罪少年	507	21.14	24.37	
生理受傷	一般少年	2,222	2.73	7.50	12.84***
	犯罪少年	507	8.51	14.32	
負面因應	一般少年	2,222	3.66	7.40	31.21***
	犯罪少年	507	18.97	17.18	

*** P<.001

第六節　受虐經驗對少年偏差或犯罪行為之預測

　　有相當多的研究證實，其實早在少年發生偏差或犯罪行為之前，少年們已經遭受了不少的暴力對待（Malinosky- Rummell & Hansen, 1993），亦即，家內受虐經驗發生時間可能在少年從事偏差或犯罪行為之前。本研究為了特別確認因果的時間先後順序，在受試少年問卷填答說明中特地將少年之偏差或犯罪行為限定在接受問卷時間點之前一年以內（一般少年），及在進入少年矯正機構之前一年內（犯罪少年），而受虐經驗則指從小到大曾經遭遇過之經驗，絕大多數應是發生在偏差行為發生之前。故研究者相信，本研究受試少年自陳之偏差或犯罪行為，理應是發生在受試者早先家庭受虐經驗之後。為了釐清這些變項之間的關聯與因果關係，特別進行了簡單與多元迴歸分析，以及路徑分析（path analysis），得到了以下的結果。

　　1. 各變項之關聯性方面，少年之偏差行為總數與受虐經驗總數、受

虐後之心理創傷情形、受虐後之生理受傷情形及受虐後之負面行為反應等項目之間，分別均呈現顯著正相關。亦即，少年於過去曾遭受兒虐（家庭暴力）經驗越多者，其偏差行為越多者（r=.339, p<.01）（且犯罪少年之偏差行為顯著地多於一般少年）；遭受兒虐（家庭暴力）經驗越多者，則受虐之後之心理創傷越嚴重（r=.308, p<.01），受虐之後之生理受傷情形也越嚴重（r=.303, p<.01），受虐後之負面行為反應越普遍（r=.552, p<.01）。

2. 兒少受虐總數預測偏差行為之相關係數（R）為.339，調整後決斷係數（Adjusted R Square）為.114（F=352.91, p<.001），亦即兒童期受虐經驗能單獨解釋少年偏差行為之 11.4%。

3. 心理創傷變項預測偏差行為之相關係數（R）為.308，調整後決斷係數為.094（F=285.25, p<.001），亦即受虐或受暴之心理創傷能單獨解釋少年偏差行為之 9.4%。生理受傷預測偏差行為之相關係數（R）為.303，調整後決斷係數為.092（F= 276.23, p<.001），亦即生理受傷能單獨解釋少年偏差行為之 9.2%。

4. 兒少受虐後之負面因應行為反應預測偏差行為之相關係數（R）為.552，調整後決斷係數為.304（F=1194.71, p<.001），亦即負面因應行為反應能單獨解釋少年偏差行為之 30.4%。由此觀之，本研究中之各變項對少年偏差行為單獨之解釋力，以受虐後之負面因應行為反應最高，家暴受虐經驗居次。

5. 4 個變項（受虐經驗、生理傷害、心理創傷、負面因應行為）對少年偏差行為之預測，其複相關係數（R）為.562，調整後決斷係數為.315（F=315.04, p<.001），亦即此 4 個變項可共同解釋少年偏差行為之 31.5%。如果將心理創傷變項去除（逐級迴歸自動將心理創傷變項去除），則其他 3 個變項仍可解釋少年偏差行為之 31.5%。由此可見，當 4 個變項混合一起共同預測或解釋少年偏差行為時，心理創傷變項對偏差行為之作用力，被其他 3 個變項所吸收，其存在與否對於共同解釋少年偏差行為之影響力極微。

6. 本研究路徑分析的結果，發現兒童受虐會造成其生理傷害、心理

創傷，但是生理傷害與心理創傷比較不會直接造成少年發生偏差
行為，甚至對於偏差行為有極微的遏止力量（此現象也許可解釋
成極少數因為行為偏差而遭處罰的兒童少年，可能會暫時有偏差
行為減少的結果）。此二變項是透過負面的因應行為促使少年發
生偏差或犯罪行為。由此觀之，本研究所預先設定的受虐經驗對
少年偏差行為影響之路徑與方向獲得證實（兩種模式均可能存
在），兒童受虐或家庭暴力被害經驗的確會對少年之偏差或犯罪
行為造成影響。然而，父母親或照顧者對兒童與少年之不當管教
行為，如果並未造成受虐兒童與少年產生負面因應行為，例如逃
家、逃學、報復行為、吸毒、自殺等，則受虐兒童與少年較不至
於發生偏差或犯罪行為。因此，專業人員對於受虐兒童之支持系
統與專業介入，減少受虐兒童之身心傷害與負面因應行為之發
生，對於預防少年偏差行為必有顯著之功效。

本研究提出之假設有 4 項，均為虛無假設，分別為：

1. 犯罪少年與一般少年之兒童虐待被害經驗沒有差異。
2. 犯罪少年與一般少年之偏差行為發生情形沒有差異。
3. 犯罪少年與一般少年之偏差行為與兒童虐待被害經驗無關。
4. 犯罪少年與一般少年之兒童虐待被害經驗，對其犯罪或偏差行為
   之發生沒有影響。

研究結果顯示，以上的虛無假設全遭推翻，其對立假設成立；亦即：

1. 犯罪少年與一般少年之兒童虐待被害經驗有顯著差異，犯罪少年
   之兒童虐待被害經驗遠多於一般少年。
2. 犯罪少年與一般少年之偏差行為發生情形有顯著差異，犯罪少年
   之偏差行為發生數量遠多於一般少年。
3. 犯罪少年與一般少年之偏差行為與兒童虐待被害經驗之間有顯著
   正相關，即不論是犯罪少年或一般少年，其兒童虐待被害經驗愈
   多者，發生偏差行為之情形也愈普遍。
4. 犯罪少年與一般少年之兒童虐待被害經驗，對其犯罪或偏差行為
   之發生有顯著影響。進一步說，在兒童或少年早期時期遭受虐

待，會促使少年日後發生偏差或犯罪行為之機率大增；這個促發偏差或犯罪行為之過程，係透過生理傷害與心理傷害，導致少年以負面的因應行為來面對受虐遭遇或紓解身心壓力，最後使得少年從事偏差或犯罪行為。家庭暴力被害經驗，對其犯罪或偏差行為影響之路徑，在本研究中獲得證實。

研究者認為，單一的兒童虐待受暴事件導致兒童與少年從事偏差行為的證據力仍然薄弱。不過，由於兒童少年遭受各種暴力與虐待所造成之身心傷害會不斷地累積，加上其充滿敵意與壓力的家庭氣氛與生活環境，可能會顯著地增加其從事偏差，甚至犯罪行為的危險。兒童及少年在受虐後，未必會立即出現偏差或犯罪行為，但是兒童少年於受虐後通常會有身心受傷害的情形，當創傷經驗累積到某一程度或其家庭環境中缺乏正向的緩衝力量時，受虐兒少可能會以負面行為去因應身心受創及敵意家庭環境，也許犯罪少年以負面行為因應受虐的情形與程度較一般少年嚴重，所以其行為達到犯罪程度而致被逮捕的機率遠較一般少年為高。一般少年也有部分有受虐經驗，不過，也許其受虐情形較輕微，或者家庭環境中還有正向的緩衝力量，使得他們較少出現負面的因應行為，因此，並未成為嚴重偏差的少年或犯罪少年。

一、受虐經驗影響少年偏差或犯罪行為之路徑

由於路徑分析為多元迴歸分析的一種運用，本節乃仿傚前節多元迴歸分析的作法，進行路徑分析，並繪製出路徑圖。路徑分析需由分析者先提出假設的影響路徑模式加以考驗，在本研究中，由於兒少遭受虐待後到底先造成心理傷害或生理傷害，從現有文獻中難以確知（亦有可能同時出現），因此，在進行多元迴歸分析之前需先依理論或預設影響方向繪製之「未驗證路徑圖」，就產生兩種可能。另外，本研究亦假設受虐兒少之負面因應行為是在受虐身心創傷之後才出現，為了使本路徑分析能更周延，研究者乃同時繪製兩種「未驗證路徑圖」，以供統計檢定。第一種稱為路徑模式一（充足模式），第二種稱為路徑模式二，以下將分析步驟逐一說明。

1. 以充足模式（full model）繪製未驗證路徑圖 3-1（類型一）與未驗證路徑圖 3-3（類型二），其中差異在圖 3-1 將生理受傷因素置於心理創傷因素之前，圖 3-3 將心理創傷因素置於生理受傷因素之前。

2. 依設定之路徑影響順序，進行多元迴歸分析。類型一，第一次迴歸，依變項為生理受傷，自變項為受虐經驗；第二次迴歸，依變項為心理創傷，自變項為受虐經驗與生理受傷；第三次迴歸，依變項為負面因應行為，自變項為受虐經驗、生理受傷與心理創傷；第四次迴歸，依變項為偏差行為，自變項為受虐經驗、生理受傷、心理創傷與負面因應行為。

類型二，第一次迴歸，依變項為心理創傷，自變項為受虐經驗；第二次迴歸，依變項為生理受傷，自變項為受虐經驗與心理創傷；第三次迴歸，依變項為負面因應行為，自變項為受虐經驗、心理創傷與生理受傷；第四次迴歸，依變項為偏差行為，自變項為受虐經驗、心理創傷、生理受傷與負面因應行為。

從兩類型之各四次迴歸分析中抽取 t 值達.05 以上顯著水準之標準化 beta 值（β），依序將β值寫入各路徑中，完成充足模式之路徑圖。兩類型之充足模式如圖 3-1 與圖 3-3 所示。

由於兩類型中均出現心理創傷通往偏差行為之路徑係數（標準化β值）之顯著水準未達.05 以上（t=-1.89, p=.059），因此，均將心理創傷通往偏差行為之路徑予以取消，使得兩類型之路徑模式成為限制模式（restricted model），亦即完成本研究之路徑分析圖兩類型，分如圖 3-2 與圖 3-4 所示。

兩類型之路徑係數，分別臚列如下：

路徑類型一

受虐經驗→生理受傷，.504（t=30.50, p<.001）

受虐經驗→心理創傷，.242（t=13.47, p<.001）

受虐經驗→負面因應，.155（t=9.11, p<.001）

受虐經驗→偏差行為，.129（t=6.69, p<.001）

生理受傷→心理創傷，.426（t=23.73, p<.001）

生理受傷→負面因應，.308（t=17.03, p<.001）

生理受傷→偏差行為，-.053（t=-2.50, p<.05）

心理創傷→負面因應，.342（t=19.49, p<.001）

心理創傷→偏差行為，-.039（t=-1.89, p=.059）

負面因應→偏差行為，.545（t=25.56, p<.001）

路徑類型二

受虐經驗→心理創傷，.457（t=26.82, p<.001）

受虐經驗→生理受傷，.321（t=18.96, p<.001）

受虐經驗→負面因應，.155（t=9.11, p<.001）

受虐經驗→偏差行為，.129（t=6.69, p<.001）

心理創傷→生理受傷，.402（t=23.73, p<.001）

心理創傷→負面因應，.342（t=19.49, p<.001）

心理創傷→偏差行為，-.039（t=-1.89, p=.059）

生理受傷→負面因應，.308（t=17.03, p<.001）

生理受傷→偏差行為，-.053（t=-2.50, p<.05）

負面因應→偏差行為，.545（t=25.56, p<.001）

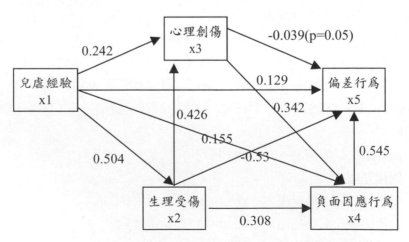

圖 3-1　兒虐經驗影響偏差行為路徑圖（類型一之充足模式）

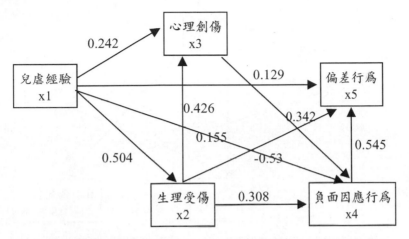

圖 3-2　兒虐經驗影響偏差行為路徑圖（類型一之限制模式）

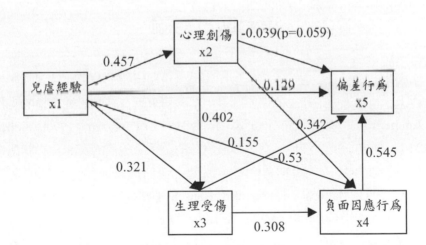

圖 3-3　兒虐經驗影響偏差行為路徑圖（類型二之充足模式）

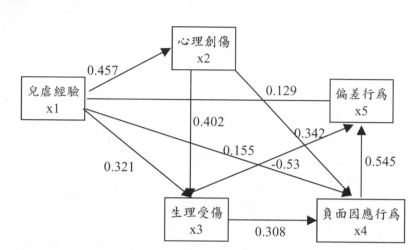

圖 3-4　兒虐經驗影響偏差行為路徑圖（類型二之限制模式）

第七節　討論

　　與未曾遭受身體虐待的孩子相比，遭受身體虐待的孩子比較容易產生生理上、行為上與情緒上的傷害結果，這些事實獲得許多研究結果的支持（Ammerman, 1991; Cicchetti & Toth, 1995; Fantuzzo, 1990; Kolko, 1992）。亦有研究者發現，有許多被虐待的孩子，他們的負面身心狀態會延續到青少年與成人時期，使其容易產生情緒低落與偏差行為的情形（Gold, 1993; Malinosky-Rummell & Hansen, 1993）。這些變項常被發現有兩兩互為相關的現象。Miller-Perrin 與 Perrin（1999）在她們的著作 *"Child Maltreatment"* 中整理出遭受身體虐待者在不同時期（兒童、青少年、成人）所出現的負面結果，這些說法與本文研究者的實證研究發現有許多可以互為呼應之處，茲分別說明如下（鄭瑞隆，2000；Miller-Perrin & Perrin, 1999）：

一、身體虐待對兒童造成的負面影響

　　身體虐待對兒童造成身體傷害、情緒傷害、社會功能損失、智力功能

損失。不過這些傷害都不是絕對的，可能是多重因素互相交互影響的結果，學者在做這方面的論述時，需要小心謹慎。這些結果的造成是機率的問題，換句話說，身體虐待對孩子造成的各種傷害結果與身體虐待行為本身雖是呈現正面相關的關係，但是相關係數的大小因不同研究樣本與觀察，會發現大小不同的結果，而人類社會行為科學之研究幾乎不可能產生完全正相關之情況。因此，兒童受虐經驗與對日後之負面影響，可以肯定是一種相對性，而非絕對性的結果，因為其影響程度可能因人而異，且每一位受虐兒童的家庭環境和重要他人的支持程度、保護因素不同，故不能一概而論。

在生理傷害（醫療問題）方面，大致上受虐兒童會有許多種程度不一的身體瘀傷、挫傷、裂傷、切割傷、燙傷或骨頭斷裂、內臟損傷，受傷的部位大多在屁股、背部、腹部、胸部、大腿、小腿、頭部、臉部、手腳等，其中以頭部受傷與內臟損傷內最容易致命。對嬰幼兒來說，搖晃症候群（shaken impact syndrome）（嬰兒搖晃症）也相當可怕，在嬰幼兒遭受猛烈急遽搖晃之下，其腦部及眼底的血管可能會因而斷裂出血，腦部組織可能會產生移位，造成腦出血、昏迷、甚至死亡，對孩子的智力傷害甚深（Miller-Perrin & Perrin, 1999; Tsai, Cheng, Lin, Fan, Lin, & Lee, 2005）。本研究發現，家庭暴力受虐之後，孩子之身體受傷情形，與其他學者或醫師臨床上的觀察相似，而身體上的傷害對於少年日後偏差或犯罪行為的相關性，不容忽視，其與負面因應行為發生的相關性也十分明顯（都達正相關係數 0.3 以上），負面因應行為與少年偏差或犯罪行為之相關更達正相關係數 0.5 以上，本研究也驗證了假設的影響路徑。因此，兒童身體暴力受虐經驗導致少年產生偏差或犯罪行為的傾向十分明顯，值得各界注意。許多父母親習慣以身體暴力管教孩子，實在需要加以調整，管教不等於暴力虐待，如不小心明辨，其差異是非常模糊不清，父母親或照顧者常會發生混淆。雖然我國〈民法〉第一千零八十五條同意父母親得於必要範圍內懲戒其子女，但懲罰與警戒也不應逾越適當必要之程度，仍應與身心虐待或體罰有所區隔比較安全。我國教育基本法已經於 2006 年 12 月通過修法，正式宣告學校教師不得體罰學生。因此，對父母親、照顧者或兒少的老師

而言,學習以非暴力與理性的方式,引導孩子的行為問題使其漸漸改進方是正途。

在行為問題方面,本研究發現受虐經驗較多的少年,其偏差行為也較為普遍。其他研究者也發現,受虐兒童有較多的反社會行為(antisocial behaviors),即使在婚暴、貧窮、家庭不穩定等因素獲得控制下,仍然有此發現(Achenbach & McConaughy, 2002)。其他受虐兒會出現的行為問題,包括酗酒、藥物濫用、不守規矩(違抗行為)、叛逆、在家中或外面與人打架、財產犯罪、常被逮捕、從事娼妓行為等(Toro-Alfonso & Rodriguez-Madera, 2004; Wieland, 1997),這些偏差行為的態樣,在本文研究者的研究發現中,也獲得證實。

在心理學變項之社會情緒問題上,受虐兒與照顧者的依附關係(attachment)與社會互動情形較差,缺乏安全感、會躲避照顧者、與照顧者的聯繫鍵薄弱,這種情形導致孩子在日後的社會性互動能力出現障礙,與同儕及成人的互動較差,因此缺乏結交朋友的能力,無法表現利社會行為(prosocial behaviors),遊戲中與人合作能力較差。受虐兒童常有情緒障礙、自尊心較低,常有無望、憂鬱與低自我價值感的表現(Miller-Perrin & Perrin, 1999)。本研究也發現,受暴的受試者表示,其心理上常感悲傷難過、憤怒憎恨、沒安全感、焦慮不安、怪罪自己、想要報復、一片茫然等感覺。

二、身體虐待對青少年造成的負面影響

青少年受虐後的影響,其實早自其在兒童期受虐時就一直延續下來。研究者發現,青少年的偏差與問題行為與其受暴力虐待的經驗密切相關,他們會出現反社會行為與暴力行為(例如:人際間暴力與約會暴力)(Dodage, Bates, & Pettit, 1990; Reuterman & Burcky, 1989),且會攻擊其父母親與手足(Kratcoski, 1984)。與一般未受虐的兒童少年相比,曾遭受身體虐待的少年,其犯罪與偏差行為的比例較高(Kratcoski, 1984)。本研究也發現犯罪少年之偏差行為遠比一般學生多,且受虐經驗與偏差行為出現之頻率呈現顯著的正相關。除此之外,曾經遭受身體虐待的青少年

會出現的負面結果還包括，外顯性的行為問題（攻擊與違抗行為）、注意力失調問題、低自尊、物質濫用（酒精與藥物）、學業表現低落、經常焦慮不安等（Truscott, 1992; Williamson, Borduin, & Howe, 1991），甚至有身心症狀。

青少年受虐的負面結果會持續到成人時期，而使其出現社會功能失調與行為偏差，甚至會造成暴力行為的代間傳承（Wolfe, 1987），當他們長大成立自己的家庭以後，可能會在家庭中對其配偶或子女使用暴力。在犯罪與暴力行為方面，Widom（1989b）的研究發現，與一般少年組成的控制組相比，受虐組少年因犯罪而被逮捕的比例較高，出現暴力犯罪行為情形較多，成年後犯罪的比例也較高。不過，也不是說受虐經驗絕對會使受虐少年產生犯罪行為，因為大多數受虐青少年並未犯罪，而犯罪的青少年當中也有相當多的人並未有受虐報告的紀錄，可見少年於童年受虐經驗與日後犯罪行為之間的相關應該不是絕對的必然完全正相關，而是達到不容忽視程度的正相關（Miller-Perrin & Perrin, 1999），此論點在本研究中亦獲得證實。

筆者認為，兒童與少年遭受兒虐被害經驗之後，其產生偏差行為以為因應，甚至後來成為犯罪少年，深受家庭病理因素及其個人受虐後之身心創傷（病理狀態）之影響，儘管其影響力不是絕對的，但是其危險傾向甚高。受虐兒童與少年日後成為施暴者的現象，受到家庭生活中不當社會學習與偏差接觸感染，這也是家庭病理現象的一部份。因此，從消弭家庭病理以控制少年犯罪，應該是值得進行的治本工程。

三、兒少受虐經驗預測少年偏差（犯罪）行為研究上之問題

本研究雖然獲得兒少虐待被害經驗對於少年偏差（犯罪）行為之預測路徑，但卻是根據研究者原先設定的路徑模式加以印證，是否仍然有其他的影響路徑，此可能無法排除，有待更多研究繼續檢驗。再者，此類的研究限於實際上操作及倫理考量的困難，包括抽樣困難與觀察時間無法倒轉，所以，通常只能以方便的樣本（例如犯罪少年與學生）進行逆溯式的研究，而資料蒐集工具也通常以自陳報告，讓受試者回憶童年的受虐經驗

及過去的偏差行為（或犯罪行為），這樣的自陳式的經驗報告可能有記憶錯誤或經驗扭曲的情形，這對於被害經驗對偏差行為之間的影響推論，可以說是符合邏輯的間接推論，無法像前瞻式研究那麼具有直接說服力。不過，這個問題也是一般刑事司法研究面對的共同困難；最後受試者的記憶是否有誤，及其陳述是否有誇大不實，都是會影響研究信度與效度的因素（Maxfield & Babbie, 2005），這些研究方法上問題與困難，都有進一步解決之必要。最好還是能採取多年期前瞻式的縱貫研究，去觀察被虐待的孩童是否將來真的偏差行為較多或較多人變成犯罪少年，這樣的數據將更具有說服力。

第八節　結論

　　簡言之，犯罪少年在過去童年時期曾遭受各種家庭內虐待被害經驗遠多於一般少年，其偏差行為較多，受暴後之生理受傷與心理創傷情形較嚴重，受暴後採取負面因應行為的情形也較普遍，這兩組少年在各個比較項目之差異均達統計學上之顯著水準。在性別差異上，男性少年比女性少年童年曾遭受更多的兒童虐待經驗，男性少年受虐後之生理受傷情形比女性少年嚴重，男性少年受虐後採取負面因應行為之情形比女性少年普遍。

　　整體而言，少年之偏差行為總數與家庭暴力的被害經驗、受虐後之生理受傷情形、受虐後之心理創傷情形、及採取負面因應行為的情形等變項之間均呈現顯著正相關；即少年之兒童虐待被害經驗越多者，其受虐後之生理受傷情形、受虐後之心理創傷情形越嚴重，採取負面因應行為的情形也越多，從事偏差或犯罪行為之總數也越多。

　　少年之兒虐被害經驗、受虐後之生理受傷情形、受虐後之心理創傷情形、及採取負面因應行為等變項均可預測少年偏差或犯罪行為之發生，其個別預測力，由大至小依序為負面因應行為（預測力 30.4%）、兒虐的被害經驗（預測力 11.4%）、受虐後之生理受傷情形（預測力 9.4%）、受虐後之心理創傷情形（預測力 9.2%）。整體來說，若以此 4 個變項共同

預測少年偏差或犯罪行為，可解釋少年偏差或犯罪行為之 31.5%。可見 4 個變項共同預測少年偏差或犯罪行為時，因為其對行為影響之共同性重疊部分互為融合兼併，或有共線性（colinearity）的問題，使得共同預測力未達 4 項總和。

　　雖然少年之兒虐的被害經驗、受虐後之生理受傷情形、受虐後之心理創傷情形、及採取負面因應行為等 4 變項以採取負面因應行為對少年之偏差或犯罪行為之預測力最強，家庭暴力經驗其次，但因在整個因果關係影響方向與順序上，本研究設計是以兒童虐待經驗最先，受虐後之生、心理傷害居次，負面因應行為與偏差行為居末，因此，兒童虐待受虐經驗對少年之偏差或犯罪行為之影響力不容忽視，本研究所設定之影響路徑獲得確認。但研究者仍無法排除有其他影響路徑模式之可能，後續研究可再進一步驗證。

　　本研究發現，雖然家庭暴力受虐經驗會經由生、心理傷害，導致少年採取負面因應行為，而最終發生偏差或犯罪行為，但是，如果兒童少年之受虐結果未使他們發生負面的因應行為（有許多因素可以成為保護性的因子），只是造成些許生理或心理傷害，較不會引致少年發生偏差或犯罪行為。承此，避免兒童少年遭受家暴及各類虐待行為雖然絕對重要，但萬一兒童少年已經遭受虐待，如何以專業的正式系統與人際脈絡非正式系統對受虐兒童少年加以介入（保護、緩衝、調解及處遇），避免其發生負面的因應行為，對於預防兒童少年從事偏差或犯罪行為相當重要，其效果亦不容忽視。研究者認為，國家社會應該注重對於受虐兒童及少年之復健輔導或身心治療，以減少其日後成為身心失衡者或行為偏差者的機率。

第九節　建議

　　根據以上之討論與結論，本研究提出以下建議，以供學術界與實務界參考。

　　1. 建構以家庭為中心、問題解決為導向的少年偏差與犯罪行為防治

方案，並加以貫徹實施。少年偏差與犯罪是台灣社會之重大問題，而兒童虐待（家庭暴力）被害經驗已被本研究證實對少年之偏差與犯罪有顯著影響作用，因此，減少兒童少年受虐或家庭暴力被害，當可對防制少年偏差或犯罪有長遠積極的正面作用。傳統上少年偏差與犯罪防治被認為刑事司法機關的責任，少年法院（法庭）、少年警察隊、少年輔導委員會的確是責無旁貸，但是，兒童少年出生、成長於家庭，家庭的諸多問題（家庭病理）導致家庭中發生兒童少年虐待案件，家庭問題對少年行為之負面影響，都是已經驗證的事實。今日台灣的家庭問題如此之多，每個人終其一輩子都無法割離與家庭的關係，理論上家庭問題之處理及對弱勢家庭的支持應該受到政府與民間單位更多的重視，全力協助家庭減少各種問題。然而，經常聽到政府官員或有識之士大聲疾呼要全面健全家庭、幫助有困難的父母親，但終究只聞樓梯響，未見人下來。家庭成為一個人人都說重要，但大家都容易忽略的領域。因此，本研究更要大力呼籲，今日要消弭諸多的社會亂象，其治本之道需從健全家庭做起，從經濟、教育、社福、醫藥、警政、法務、司法、職訓與輔導等各種角度切入，全都以家庭問題之預防為中心，以家庭問題處理為導向，施行具體的家庭協助方案，方能協助有問題的家庭獲得重建、恢復功能，減少家庭病理與社會問題，消除少年偏差與犯罪的根本病因。

2. **普遍實施男女婚前教育、婚姻諮商、家庭經營與親職教育方案，以預防兒童少年虐待之發生。**兒童少年虐待發生的原因除了施虐者個人的因素與家庭經濟問題之外，最重要的肇因可能是夫妻互動不良、溝通失調、婚姻生活失調、親子互動不良、家庭管教不當或家庭失功能、家庭成員衝突、家庭氣氛緊張不睦等，這些問題因應之道可從男女婚前教育、家庭經營與親職教育、婚姻諮商輔導、幸福婚姻之經營等干預方式獲得預防或消減。因此，國民教育、家庭教育與社會教育機構應該正視這些議題的重要性，整體與全面地規劃施行具體的方案，落實在學校、家庭、社區之

中，以獲致全面防治成效。

3. **國家公權力應該更迅速、更有效地介入干預發生兒少虐待的暴力家庭，營救或保護被虐待的兒童少年。**〈家庭暴力防治法〉全面施行已經多年（1999 年 6 月迄今），兒童及少年福利法也是早已存在（譯註：在 2005 年以前是兒福法、少福法分別立法），代表國家公權力早已經正式宣告對各種兒少受虐問題應進行干預，積極進行兒少保護工作。儘管目前我國各項兒少保護法規齊備，且深具前瞻性與積極性，只是「徒法不足以自行」，一定要公權力的執行者認真、確實地執法。社會工作員、警察、檢察官、教師、醫師、法官等兒虐事件通報及處理的第一線、第二線人員，應該要能對潛在未被注意到或未被報案的受虐兒少加強救援與保護。家暴法實施至今，社會上許多人的注意焦點在婚姻暴力，但本研究要強烈建議，兒童少年在家庭中遭受傷害的情形，防治之重要性絕不亞於婚姻暴力。因此，內政部兒童局必須加強與家庭暴力防治委員會，及其他相關部會（如警政、法務、衛生、醫療、司法、教育等）通力合作，培養民眾多管閒事的習慣，發現兒少有遭受不當對待的情形，即應報案。專業人士應負起法定職責落實「責任報告制」，建構全面的受虐兒少通報、救援、處遇與保護體系。

4. **對於高風險家庭（遭受多重問題困擾的家庭）、暴力家庭或目睹家庭暴力的兒童與少年，需進行復健式或治療式的諮商輔導與支持介入。**兒童少年出生、成長、生活於家庭中，且其身心仍在發展階段未臻成熟，自然容易受到家庭問題與家庭暴力行為之直接或間接影響。因此，經常接觸到兒童少年的人士，如教師或社會工作員，應特別關注家庭問題較多、父母失業或父母親婚姻失調的孩子，掌握其生活與身心狀況。對於遭到家暴受虐的孩子或目睹家庭暴力的兒少，應該給予心理諮商、身心復健或治療，否則暴力的陰影與負面印象，將牢牢烙印於他們的心中，成為日後身心問題的癥結或暴力行為病理因素，形成暴力行為的惡性循環。

5. **廣為宣傳兒少虐待及家庭暴力對少年偏差或犯罪行為影響的病理現象,將消弭家庭暴力及減少兒少虐待案件納為防治少年犯罪行動之治本要務。**社會上許多人看到少年暴力犯罪如此殘酷、泯滅人性的行徑,都會大聲撻伐、痛加指責。但是這些人卻又同時以暴力或無情的方式來對待他們自己的孩子,傷害他們的身體與心靈。其實,消弭少年犯罪行為的能量源頭就在每個人自己的家庭裡,只是有許多人認識不清或怠忽其重要性。本研究也發現打罵教育或傷害孩子身心與自尊的管教方式,仍在台灣大行其道,仍是大多數父母親的教養法則。因此,本研究建議,應將暴力或不當管教對孩子的身心造成傷害,孩子以負面方式因應,可能導致兒童少年成為偏差或犯罪少年的事實。這些觀念應該廣泛地在社會上宣導,以使廣大的父母親或對兒少負有照顧或管教職責者心生警惕,能學習以較健康及較正面的教養方式來對待孩子。父母親、褓母及教師需要多花心思學習非暴力式的管教方法與技術。

6. **加強對兒童與少年在家庭中遭受各種形式暴力與虐待狀況之實證研究,描繪兒童少年受虐對身心影響之剖面(profile),建構本土之受虐兒童少年治療或復健模式。**兒童與少年遭受虐待及家庭暴力,對其身心發展與性格到底造成什麼影響,是相當臨床取向的探索,臨床工作者(如醫師、護士、社工師、心理師)可與研究人員結合,或採取行動研究,對此一問題加強本土資料之累積。因為有正確的診斷才能導引出最合適的治療或復健處遇,幫助受虐兒童與少年從傷痛中復原,消弭因受虐所植下之病因,或產生負面的因應行為,終至成為偏差或犯罪少年。對於受虐或目睹家暴的兒少,應協助他們以正向的態度與方式加以因應,以減少他們發展出嚴重偏差或犯罪行為的機會。

7. **儘速進行家庭暴力加害人(施虐者)評估與處遇之研究,預防對無辜的兒少再施暴,並矯正施虐者之偏差性格、暴力習性與行為。**家庭暴力加害人(施虐者)因為經常與受虐的兒童與少年長時間接觸,因此,對兒童與少年的危險性與威脅性是經常存在

的。施虐者若沒有經過專業的矯正教育輔導或身心評估與治療，其虐待行為不易去除或導正。然而，我國目前仍然缺乏具有本土常模、深具信效度、適合可用的家暴施虐者評估與處遇的臨床工具。因此，本研究建議學術界與臨床工作人員宜儘速合作研發、持續發展適合我國使用之家暴施虐者評估與處遇工具，協助做好家暴施虐者之矯正處遇。

8. **進行目睹家庭暴力對兒童少年身心與行為影響之評估研究，規劃治療或復健輔導方案之設計，為目睹家暴或受虐兒童及少年進行矯正處遇。** 本研究僅對少年過去曾親自受暴及受虐之經驗進行研究，但近年來有越來越多的國外文獻指出，家庭暴力對兒童與少年之傷害，並不僅限於親身受虐經驗；如果在家中目睹各種形式的暴力，也極可能對兒童少年之身心造成負面影響，促使其較易發生負面身心與行為後果。到底這樣的說法在我國是否也有同樣的情形，或許就理論上可成立，但實際的研究證據仍然較少。本研究建議我國儘速進行目睹家庭暴力對兒童少年身心與行為影響之評估研究，同時將研究心得用以治療或復健方案之設計，**實際輔導及矯正目睹家庭內暴力或虐待事件之兒少，修正他們偏差的認知觀念及行為模仿。**

參考資料

王淑女（1994）。家庭暴力對青少年暴力及犯罪行為的影響，**律師通訊 184**，39-48。

吳齊殷（1996）。**教養實施與青少年併發性偏差行為**。論文發表於台北市立師範學院與中華民國犯罪學學會主辦之「解構青春少年時：一九九六年台灣青少年犯罪與矯治問題研討會」會議，台北市。

周震歐（1989）。兒童虐待、忽視與少年犯罪。**研考月刊，148**，15-22。

陳毓文（1999，12月）。**暴力環境與暴力少年：一個社會問題還是兩個？**

論文發表於中央研究院社會問題研究推動委員會舉辦之「社會問題研究學術研討會」會議，台北市。

蔡德輝、楊士隆（1997）。**少年犯罪：理論與實務**。台北：五南圖書出版。

鄭瑞隆（1997）。少女從娼原因與防治策略之研究，**犯罪學期刊，3**，85-120。

鄭瑞隆（2000）。**家庭暴力被害經驗與少年偏差行為關聯性之研究**。行政院國家科學委員會補助專案研究計畫報告。台北市。

鄭瑞隆（2001，5月）。**家庭病理、青少年心理健康與偏差行為關係之探討**。論文發表於輔仁大學舉辦之「2001年青少年身心健康促進國際研討會」會議，台北縣。

Achenbach, T. M., & McConaughy, S. H. (2002). *Empirically based assessment of child and adolescent psychopathology: Practical applications* (2nd ed). Thousand Oaks, CA: Sage.

Ammerman, R. T. (1991). The role of the child in physical abuse: A reappraisal. *Violence and Victims, 6*, 87-101.

Bandura, A. (1973). *Aggression: A social learning analysis*. Englewood Cliffs, NJ: Prentice Hall.

Bandura, A. (1977). *Social learning theory*. Englewood Cliffs, NJ: Prentice Hall.

Bandura, A., & Walters, R. (1963). *Adolescent aggression*. NY: Ronald Press.

Bartol, C. R. (1995). *Criminal behavior: A psychosocial approach* (4th ed.). *Englewood Cliffs, NJ: Prentice Hall.*

Cicchetti, D., & Toth, S. (1995). A developmental psychopathology perspective on child abuse and neglect. *Journal of the American Academy of Child and Adolescent Psychiatry, 34*, 541-565.

Cox, S. M., & Conrad, J. J. (1996). *Juvenile justice: A guide to practice and theory* (4th ed.). Madison, WI: Brown & Benchmark.

Dodage, K. A., Bates, J. E., & Pettit, G. S. (1990). Mechanisms in the cycle of violence. *Science, 250*, 1678-1682.

Fantuzzo, J. W. (1990). Behavioral treatment of the victims of child abuse and neglect. *Behavior Modification, 14*, 316-339.

Gayford, J. J. (1975). Wife battering: A preliminary survey of 100 cases. *British Medical Journal, 25*(1), 94-97.

Gelles, R. J. (1993). Family violence. In R. L. Hampton, T. P. Gullotta, G. R. Adams, E. H. Potter III, & R. P. Weissberg (Eds.), *Family violence: Prevention and treatment* (pp. 1-24). Newbury Park, CA: Sage Publications.

Gold, C. A. (1993). Long-term consequences of childhood physical and sexual abuse. *Archives of Psychiatric Nursing, 7*(3), 163-173.

Hampton, R. L., & Coner-Edwards, A. F. W. (1993). Physical and sexual violence in marriage. In R. L. Hampton, T. P. Gullotta, G. R. Adams, E. H. Potter III, & R. P. Weissberg (Eds.), *Family Violence: Prevention and Treatment* (pp. 113-141). Newbury Park, CA: Sage Publications.

Hirschi, T. (1969). *Causes of delinquency*. Berkeley, CA: University of California Press.

Kaufman, J., & Zigler, E. (1987). Do abused children become abusive parents? *American Journal of Orthopsychiatry, 57*, 186-192.

Kolbo, D. J. (1992). Characteristics of child victims of physical violence. *Journal of Interpersonal Violence, 7*, 244-276.

Kratcoski, P. C. (1984). Perspectives on intrafamily violence. *Human Relations, 37*, 443-453.

Malinosky-Rummell, R., & Hansen, D. J. (1993). Long-term consequences of child physical abuse. *Psychological Bulletin, 114*, 68-79.

Mathew, D. (1995). Parenting groups for men who batter. In E. Peled, P. Jaffe, & J. Edleson (Eds.), *Ending the cycle of violence: Community responses to children of battered women*. Thousand Oaks, CA: Sage.

Maxfield, M. G., & Babbie, E. (2005). *Research methods for criminal justice and criminology* (4th ed.). NY: West/Wadsworth.

兒童虐待被害經驗與少年偏差及犯罪行為

兒童虐待與少年偏差

問題與防治

Miller-Perrin, C. L., & Perrin, R. D.(1999). *Child maltreatment: An introduction.* Thousand Oaks, CA: Sage.

Reuterman, N. A., & Burcky, W. D. (1989). Dating violence in high schools: A profile of the victims. *Psychology: A Journal of Human Behavior, 26,* 1-9.

Straus, M. A., Gelles, R. J., & Steinmetz, S. K. (1980). *Behind closed doors: Violence in the American families.* Garden City, NY: Doubleday.

Sutherland, E. H. (1939). *Principles of criminology.* Philadelphia: Lippincott.

Sutherland, E. H., & Cressey, D. (1978). *Criminology* (8th ed.). Philadelphia: Lippincott.

Toro-Alfonso, J., & Rodriguez-Madera, S. (2004). Domestic violence in Puerto Rican gay male couples. *Journal of Interpersonal Violence, 19*(6), 639-654.

Truscott, D. (1992). Intergenerational transmission of violent behavior in adolescent males. *Aggressive Behavior, 18,* 327-335.

Tsai, T-H, Cheng, J-L, Lin, M-C, Fan, W-S, Lin, C-W, & Lee, C-S. (2005). Shaken baby syndrome. *Taiwanese Journal of Psychiatry, 19*(3), 237-243.

Wicks-Nelson, R., & Israel, A. C. (1997). *Behavior disorders of childhood* (3rd ed.). Upper Saddle River, NJ: Prentice Hall.

Widom, C. S. (1989a). Does violence beget violence? A critical examination of the literature. *Psychological Bulletin, 106,* 3-28.

Widom, K. S. (1989b). Child abuse, neglect, and violent criminal behavior. *Criminology, 27,* 251-271.

Widom, C. S. (1995, March). Victims of child sexual abuse: Later criminal consequences. *National Institute of Justice,* 1-8.

Wieland, S. (1997). *Techniques and issues in abuse-focused therapy with children and adolescents: Assessing the internal trauma.* Thousand Oaks, CA: Sage.

Williamson, J. M., Borduin, C. M., & Howe, B. A. (1991). The ecology of adolescent maltreatment: A multilevel examination of adolescent physical abuse, sexual abuse, and neglect. *Journal of Consulting and Clinical Psy-*

chology, 59, 449-457.

Wolfe, D. A. (1987). *Child abuse: Implications for child development and psy-chopathology*. Newbury Park, CA: Sage.

童虐待與少年偏差

兒童虐待與少年偏差

——

問題與防治

第 **4** 章

婚暴目睹兒童及
少年之輔導教育團體

第一節　目睹父母婚暴：另一種兒童虐待

　　在台灣，兒童與少年在家庭中遭受暴力對待（通稱為兒童虐待）是早已受到關切的議題。近十幾年來，婚姻暴力（marital violence）的議題也備受矚目，加上 1999 年〈家庭暴力防治法〉的全面施行，使得家庭暴力（family violence）研究領域中之兩大議題——婚姻暴力與兒童虐待，同樣受到學術界與實務界廣泛討論。許多研究與論述均個別著眼於婚姻暴力與兒童虐待，分別探討婚姻暴力與兒童虐待的發生原因、加害人（施暴者）與被害人（受暴者或受虐者）之特質、受暴後對身心造成之負面結果、及社會服務體系（social service system）與刑事司法體系（criminal justice system）對家庭暴力事件之介入與處遇（intervention and treatment）（周月清，1997；楊孝濚，2001；簡慧娟，2001）。精神醫療人員與社會工作人員則關切受暴婦女之復健處遇與服務需求（黃志中、謝靜雯、周煌智、吳慈恩、陳筱萍、張淳茜，2005），以及家暴犯之危險評估

與處遇（林明傑、鄭瑞隆、蔡宗晃、張秀鴛、李文輝，2005）。

在台灣以 2006 年 1 月至 11 月為例，全國各縣市之家庭暴力防治中心共接獲家暴通報數 65,372 件（內政部家庭暴力防治委員會，www.moi.gov.tw/div6/cat/violence 002006）。值得注意的是，每一年所發生的婚姻暴力案件中，約有 3 成的施暴者不止對單一受暴者（妻子或兒女）施暴（鄭瑞隆，2002）；換句話說，相當比例的婚姻暴力事件是施暴者（九成七為男性）的配偶與子女均受害。對於家庭中的子女（兒童與少年）而言，即使他們並未親身受暴，其在家庭中也極可能經常目睹父母間的暴力行為，不管是互相施暴或單方面施暴；而施暴的方式包括身體暴力、口語暴力、精神或心理威脅、性侵害、及其他各種形式的暴力與控制行為。社會上一般人常以為只要兒童少年在家庭暴力事件中沒有親身受暴，就不會有負面影響，基本上這是一個錯誤的觀念（黃富源、黃翠紋，2000）。有學者指出，目睹家庭暴力對於兒童與少年身心狀況及行為之負面影響，不亞於兒童與少年親身受暴，同樣可能會造成目睹兒童與少年之嚴重身心後果與偏差行為，甚至更為嚴重（沈慶鴻，2001a；Salzinger, Feldman, Hammer, & Rosario, 1992; Stosny, 1994）。因此，目睹家庭內之婚暴經驗，可說是一種特殊類型的兒童及少年不當對待，也是兒少虐待的一種形式。

Straus（1991）依婚姻暴力的普遍性與實務上之見解，估計美國約有 1/3 的兒童持續暴露於父母親的婚姻暴力中，其中以父親對母親的施暴情形較多。Carlson（1984）根據統計，55%發生家庭暴力的美國家庭有 2 位小孩，推估每年大約有 330 萬名 3 歲至 17 歲的孩童暴露於家庭暴力的危機中，而目睹家庭暴力之發生。有許多臨床上的案主否認自己的孩子曾經目睹家庭暴力，他們常認為當時孩子睡著了，或正在外面遊玩，甚至孩子不懂父母間的衝突（Jeffe, Wolfe, & Wilson, 1990）。然而，根據對目睹兒童的研究訪談，發現幾乎所有的孩子們都可以很清楚地描述他們父母間所發生的暴力衝突情形（Jeffe, Wolfe, & Wilson, 1990; Rosenberg, 1984）。加拿大的研究發現，68%的夫對妻暴力攻擊事件中都有目睹兒童在場（Leighton, 1989），甚至也有研究發現 80%出自暴力家庭的孩子，都曾經目睹家庭暴力之發生，目睹的情形從口語衝突、肢體暴力到殺人都有

（Russell, 1986）。我國到底有多少兒童與少年經常暴露於家庭暴力之中，由於缺乏具體的研究數字，官方統計不完整且黑數甚多，故仍無明確的答案。

筆者曾經在國科會補助下（本書第三章），以犯罪少年及一般少年（學生）為樣本，進行比較研究，發現犯罪少年之家庭暴力受虐經驗（親身受暴）與偏差行為均顯著地高於一般少年，也發現受虐經驗對於兒少身心之負面影響及導致行為偏差的路徑，獲致家庭暴力受虐經驗可透過生心理創傷及負面因應行為，預測兒少偏差或犯罪行為之 31.5% 之結論。沈慶鴻（2001c）的研究驗證了目睹兒童暴力之代間傳遞（intergenerational transmission）確實可能存在。然而，對於目睹父母間婚姻暴力事件但本身未親自在衝突事件中直接受暴的兒童與少年，到底其是否真會造成身心創傷與後續的偏差行為，則仍待進一步釐清。

再者，許多文獻均指出，家庭暴力的施暴者（加害人）絕大多數曾有親身遭受家庭暴力或目睹家庭暴力的經驗；許多女性受暴者在其童年有親身受虐或目睹家庭暴力的經驗。Gayford（1975）指出，庇護中心裡的受暴婦女有 80% 宣稱她們童年時曾經目睹父親毆打母親，他們本身也受暴力對待（受虐），因此，可知有許多孩童不斷地目睹父親對母親的毆打，有時候他們自己也被打，他們成為家庭暴力直接或間接的受害者。Flynn（1994）調查社區中受暴婦女（未被安置於庇護中心），也發現有 1/3 的社區樣本受暴婦女承認自己童年曾經目睹家庭暴力（轉引自 Jaffe, Wolfe, & Wilson, 1990）。

由於家庭暴力的嚴重性，近幾年來政府與民間也投入相當多心力進行家庭暴力加害人的鑑定評估與處遇（身心治療及輔導教育）（吳素霞，2001），期待能矯正家暴加害人之身心、認知與行為，使其不再使用暴力對待其家人。但是，分別地對於受暴婦女或受虐兒童進行介入與處遇，難以達成對於暴力家庭的完整專業協助。陳若璋教授也主張，目睹暴力的兒童有待專業人員更多的關懷與研究（陳若璋，1996）。因此，筆者認為，如果能夠在兒童與少年目睹家庭暴力行為之後，施予系統性且有效的輔導課程，或許能減輕家庭暴力事件對他們的負面影響，降低他們長大成人後

對自己的家人（包括配偶與子女）施暴的機率，或減少女性目睹兒童日後成為婚姻暴力受暴者的可能。

　　美國學者 Widom（1989a, 1989b）已經證實，幼年遭受虐待與青少年及成人之暴力犯罪行為關係密切。在我國王淑女（1994）、陳毓文（1999）、及鄭瑞隆（2001）之實證研究均有類似的發現。本研究特別對於兒童與少年在家庭中目睹父母婚姻暴力與其偏差行為間之關係感到興趣。

　　社會問題研究者都同意，對社會問題之介入首重防範問題於未然。Segal 與 Gustavsson（1990）認為預防兒童虐待與家庭暴力之發生，有 3 個層次的預防措施，第 1 個層次即為初級預防（primary prevention），也就是說，以對兒童的照顧與輔導教育，並將相關的措施與觀念普及於社會大眾（例如禁止體罰），使兒虐與婚暴事件不至於發生（Wiehe, 1996）。在犯罪防治方面，如果能夠對具有出現偏差行為（如暴力犯罪）者進行早期介入，消弭其受環境影響所導致的偏差行為，輔導其調整錯誤觀念，則可以成功地預防犯罪（楊士隆，2006）。故本研究對於防治社會問題、兒童虐待事件、及家庭暴力事件有重要的意義，因為今日的受虐兒與目睹暴力的兒童，可能是明日的犯罪少年，將來極容易成為長期從事反社會行為的成人，製造更多的社會問題，社會成本之花費將難以數計。由於台灣之實務機構與學界對於目睹兒童與少年需求之忽略（陳怡如，2001），本研究亟思以社會團體工作（social group work）的模式，以實驗設計的研究方法，對曾經目睹家庭暴力之兒童與少年進行輔導教育，評量接受輔導教育團體之處遇對於其在認知、情緒與行為方面之正向影響，破除其學習模仿暴力行為之循環，協助其減少日後成為非行少年或犯罪人之機率。本研究之成果可以作為推廣家庭暴力目睹兒童、少年教育方案之基礎。

第二節　生態系統與暴力學習

一、家庭生態系統與目睹暴力之關係

從家庭之生態系統觀點而言，此論強調有機體（個體）與環境之間的
關係，個體透過與其他系統互動良好，與環境之間和諧相處過程，才能有
所發展。個體生態之描述有 3 個層次，即個人的層次（即所謂的微系統，
micro system）、社會心理的層次（中系統，messo system）及社會文化的
層次（macro system，鉅系統），範圍由小而大。此論認為，暴力的發生
是因為有機體（個體）與環境之間各層次互相不調和所致（Gelles, 1999;
Harden & Koblinsky, 1999）。例如，父母親與子女之間，或家庭與周遭鄰
里社區之間互相扞格，容易導致家庭暴力事件之發生。當社會文化縱容父
母親使用暴力管教小孩，有問題的父母親也缺乏有效的社會支援力量與正
確的親職知識與技巧，兒童虐待容易發生。家庭中每一位成員間系統（如
夫妻系統）關係緊張或失調，也會引發家庭成員間之暴力，例如婚姻暴力
或兒童虐待。父母親是兒童在家庭系統中最重要的重要他人，也是其立即
生態環境中最密切的人，父母親之間發生的一切暴力行為，當然容易被孩
子所目睹並影響孩子。

二、社會學習與暴力——目睹兒童與少年暴力學習

家庭中的病態因子，常從家人間的互動學習（尤其是父母親對孩子及
夫妻之間互動行為）傳遞給青少年與兒童，尤其是暴力行為的學習、以暴
力手段去處理人際間的糾紛或衝突，與使用暴力去對待親密的家人。從社
會學習理論來看，該理論的學者認為暴力行為和其他行為一樣，是經由學
習的方式得來，而觀察模仿是一個很重要的學習歷程（Bandura, 1973），
暴力行為乃是示範學習的結果。Mathew（1995）的研究也強調攻擊是學
習而來的行為，主要是家庭互動的結果。Bandura 和 Walters（1963）的研

究也支持，兒童的行為（尤其是暴力行為）乃是直接觀察或模仿父母親或同儕的行為而形成。學者侯崇文（2001）以107位犯罪少年為研究對象，同樣發現家庭關係之互動對於青少年偏差行為之影響非常深遠。

差異接觸理論（Sutherland & Cressey, 1978）亦認為，偏差行為是學習而來的，是在溝通的過程中與他人互動學習而得，其學習主要是來自親密的人際團體，而不是經由大眾傳播媒體。因此，以此觀點來看，在家庭暴力中成長的兒童，容易學習到以暴力的方式來解決衝突或獲得自己想要的東西，同時可能也對暴力或攻擊行為視為理所當然。

第三節　暴力循環觀點與目睹暴力

以暴力的循環觀點來看（Hampton, Jenkins, & Vandergriff-Avery, 1999），在兒童虐待和暴力的文獻中共同的結論指出，一位觀察父母施暴或是成為暴力的受害者，或在兒童期處於高度家庭暴力環境中的人，長大之後較容易成為施虐者（陳毓文，1999；Cox & Conrad, 1996; Widom, 1989b）。我國學者沈慶鴻（2001c）之研究也以「代間傳遞」的觀點探索婚姻暴力對目睹兒童的影響，認為家人互動與家庭發展過程中，上一代之暴力行為會傳遞給下一代，對下一代之信念、價值、行為、與情感表達方式產生無法磨滅的影響。因此，若兒童的原生家庭生活經驗中有有較多的暴力行為發生，則其將來在人際互動中會出現較多的暴力行為。

如同毆打兒童一樣，毆打妻子事件也與遭受暴力的經驗有關，在幼年時期曾遭受暴力的男人，長大後比在幼年時沒有遭受暴力的男人，更常攻擊妻子。學者研究發現，50%至80%接受處遇的男性婚姻暴力施暴者，是成長於暴力家庭（轉引自沈慶鴻，2001c）。內科醫師Gayford（1975）和其他研究者一樣，發現施暴者和受害者雙方在孩童時都曾遭受過暴力對待，研究也發現曾經觀看父母間暴力的幼年經驗也與配偶間的攻擊有關（Bennett & Williams, 1999; Blau & Long, 1999），這項發現對男性來說是正確的，曾目睹父母使用暴力的男孩，通常長大後較易對妻子施暴，但是

這項發現對女性來說並不正確，曾觀看父母使用暴力的女孩並不一定會變成有暴力傾向的成人，但有可能成為婚姻暴力之受害者（Blau & Long, 1999; Walker, 2000）。

　　然而值得注意的是，這並不代表所有在兒童階段經歷暴力事件或受虐的暴力受害者，長大之後都會變成施虐者，同時這也不表示沒有在幼年時期經歷暴力受虐經驗的人，長大之後就不會有暴力行為（Gelles, 1999），而根據Kaufman與Zigler（1987）指出約只有30%的施虐父母，在其兒童時期曾被暴力虐待過。

第四節　受虐、目睹暴力與負面行為

　　有許多文獻都直接或間接強調，家庭暴力被害經驗與目睹家庭中成員使用暴力互相對待，對於家庭中成長中的兒童與青少年，有非常負面的影響，使得他們長大以後較易成為犯罪人或施虐者（Bartol, 1995; Wicks-Nelson & Israel, 1995; Widom, 1989a, 1989b）。犯罪少年中，曾在幼年遭受身體虐待之比例也不低（周震歐，1989；蔡德輝、楊士隆，1997；陳毓文，1999；鄭瑞隆，2001a），從娼少女小時候曾遭性虐待之比例可能高達30%（鄭瑞隆，1997）。此類說法在國內亦普遍存在，但實證研究成果非常少，王淑女（1994）曾以一般國中生為樣本，調查其家庭暴力經驗對偏差行為之影響，發現影響青少年暴力行為之最大影響者為家庭，尤其是手足間及父母之暴力行為。然而其研究並未將樣本擴及於犯罪少年，亦無對照組。

　　鄭瑞隆（2001a）以犯罪少年與一般少年作為對照之研究也發現，犯罪少年曾在家中遭受各種虐待的被害經驗遠多於一般少年，其偏差行為較多，受暴後之生理受傷與心理創傷情形較嚴重，受暴後採取負面因應行為的情形也較普遍，其各項之差異均達統計學上之顯著水準。男性少年比女性少年曾遭受更多的家庭暴力，男性少年受暴後之生理受傷情形比女性少年嚴重，男性少年受暴後採取負面因應行為之情形比女性少年普遍。該研

究所指的負面因應行為包括逃學、離家、自殺（傷）、報復、反擊、吸毒、報警等。除此之外，王秀絨（1994：221）也指出，被虐兒童之心理與自我功能創傷既大且深又長，常有沮喪、焦慮、過動、過度攻擊性、怕被攻擊、怕被遺棄、不信任、假裝成熟、學業成就低落等反應，其自我功能受創方面為智能與認知上之缺陷，因為創傷之打擊與畏懼，常處於驚恐狀態，與人事物之關係因缺乏信任感而扭曲，抵抗衝動能力較差，低自尊、有自我傷害行為、學校適應困難。被嚴重疏忽與剝奪的孩子，由於家中常有病態的親子關係，孩子常會認為自己是壞小孩，父母親常難以給予孩子健全的個人價值，孩子身心與情感需求有被剝奪感，常感到極度空虛，嚴重者會導致發展遲緩、冷漠無感覺，及人際互動感情附著或依附上的困難。

　　整體而言，少年之偏差行為總數與家庭暴力的被害經驗、受暴後之生理受傷情形、受暴後之心理創傷情形、及採取負面因應行為的情形等變項之間均呈現顯著正相關；亦即，少年之家庭暴力的被害經驗越多者，其受暴後之生理受傷情形越嚴重、受暴後之心理創傷情形也越嚴重，採取負面因應行為的情形也越多，從事偏差或犯罪行為之總數也越多（鄭瑞隆，2001a）。

第五節　目睹家暴對兒少之影響

　　孩童目睹家庭暴力之時期，從幼年時期到青少年時期都有（Jeffe, Wolfe, & Wilson, 1990），Edleson（1999）以文獻探討之方式對研究目睹家庭暴力兒童之相關進行分析，發現在大多數嚴謹的研究文獻中均指出，目睹家庭暴力的孩童將會有行為與情緒方面的問題，有認知功能與態度方面的問題，這些問題對此類兒童的影響呈現長期的負面效果，與兒少親自受虐有相當多共同的反應。

　　在行為與情緒方面的問題，主要有較多的攻擊（aggressive）與反社會（anti-social）行為，即所謂的「外向型行為」（externalized behaviors），以及較多的恐懼與抑制行為（fearful and inhibited behaviors），即所謂的「內向型行為」（internalized behaviors）；也表現出較差的社會關係與社交能力。這類孩子也出現較多的焦慮、低自尊、抑鬱沮喪、憤怒、氣質（temperament）與脾氣較差的問題，較無能力去瞭解別人的感覺，無法從別人的觀點去瞭解事物（即較欠缺同理他人的能力）。這類孩子的同儕關係、自律能力、自我控制力、整體的能力表現，都比未曾遭受嚴重暴力虐待及目睹家人使用武器施暴的孩子為差。

　　曾經遭受嚴重身體暴力的男孩子會出現同儕關係、自主性、自我控制與整體能力表現均較差的情形。從社會學習理論的觀點觀之，目睹家庭暴力的兒童的確會學習與模仿暴力的使用，他們在平日生活當中，或者等到他們自己長大成為父母親時，或在照顧孩童時，就可能出現其早已學習到的暴力行為。Singer 等人（1998）對 2,245 名兒童與青少年的研究發現，在研究時較近時日內曾經在家庭中暴露於暴力情境的經驗，成為預測這些兒童出現暴力行為的顯著預測因子（Singer, Miller, Guo, Slovak, & Frierson, 1998）。

　　在認知功能與態度方面的問題，雖然有研究指出目睹家暴經驗與學業成就表現沒有明顯的相關（Mathias, Mertin, & Murray, 1995），但是也有較新的研究指出，孩子若有越多的家暴經驗，其認知功能就越顯得低落（Rossman, 1998），學業成就因而可能比較低落。目睹暴力的兒童常會將暴力使用在解決人際衝突的情境，他們會將暴力的使用合理化或正當化（Jaffe, Wilson, & Wolfe, 1986）。例如，Spaccarelli、Coatsworth 與 Bowden（1995）以曾經經歷或目睹家庭暴力且因暴力犯罪而被收容於少年矯正機構之男性少年為樣本，研究他們對於使用暴力的觀點，結果發現這些少年比一般少年更相信，表現攻擊行為可以提升自己的聲望或自我形象，而此種想法越強烈的少年，越會表現出暴力攻擊行為。不過，在性別方面產生不同結果；目睹家庭暴力的男孩比女孩更會贊成暴力之使用（Carlson, 1984）。目睹家庭暴力孩童們的行為與情緒反應，反應出他們企圖去適應家庭中那些令他們覺得驚嚇與無法預測的事件。可以確定的是，長期目睹家庭暴力導致正常認知、情緒與行為的適應不良（Jaffe, Wolfe, & Wilson,

1990）。

　　儘管兒童目睹或暴露於暴力與壓力之後之反應情形差異頗大，還是與發展關鍵期及情境因素關係密切，亦即要看兒童是處於何種發展階段及身處什麼環境而定。所以，影響目睹暴力兒童反應方式的因素包括兒童的年齡、性別、目睹暴力的數量多寡、是否同時也是暴力直接受害人（同時是受虐兒童與目睹暴力兒童）、他們的母親於經歷暴力對待之後心理健康功能的穩定情形或嚴重程度（Hughes, 1986）。

　　由於不同發展階段，兒童與少年認知能力與適應技巧不同，所以，不同發展階段的兒童對於發生在他們父母親之間的衝突事件，認知情形與因應方式有所不同。根據在庇護中心的臨床觀察，目睹暴力的嬰兒健康情形較差，睡眠情形較差，常會過度尖叫（Davidson, 1978; Alessi & Hearn, 1984）。目睹暴力的學齡前幼兒，常有驚嚇恐懼反應，例如喊叫、躁怒行為、躲避、顫抖、口吃結巴。庇護中心裡的學齡前兒童常有悲嘆與煩惱反應，常出現身心症與退化行為，稍長時會有憤怒與敵意的行為出現。

　　較大的兒童與青少年在家中目睹婚姻暴力的機會更多，但是許多人會保守家庭中的秘密，怕外人知道，甚至會否認曾經目睹家庭暴力。來自暴力家庭的青少年會以攻擊行為為主要的人際互動方式，會將人際糾紛歸咎於他人，且常表現焦慮感（Allesi & Hearn, 1984）。經歷多年暴露於暴力的家庭環境，有些青少年會認為就是因為自己的母親不好，才會經年累月受暴，甚至也有目睹暴力的青少年加入其父親對母親施暴的行列（Jaffe, Wolfe, & Wilson, 1990）。逃家也是青少年常常用以因應家庭暴力的方式之一，有些青少年會涉入父母親的糾紛與衝突，站在施暴者的一方一起對付受暴者，或站在受暴者的一方對抗施暴者也有（Straus, 1991）。

　　目睹暴力後與性別相關問題上，男孩與女孩表現有差別。男孩在目睹家暴之後通常出現較多的破壞干擾行為、對人或物品有攻擊行為，且常有脾氣大壞、大發雷霆的情形（Jaffe, Wolfe, & Wilson, 1990）。而女孩通常有各式各樣的身體不適的抱怨，容易出現退縮、被動、依戀、依賴的行為。年紀更大的青少年女生，則會有對男性極端不信任，對愛情與婚姻缺乏信心或抱持負面的態度。進入約會、戀愛或結婚階段以後的女性，則較

容易成為其男朋友或丈夫施暴的被害人，認為那是無法避免的，甚至誤以為那是施暴者表達愛意的另類方式（Hughes, 1986; Jaffe, Wolfe, & Wilson, 1990）。

綜言之，暴露於婚姻暴力對兒童與少年之影響，包括：(1)外向性的行為問題，如攻擊、敵意、暴力與破壞行為（曾慶玲、周麗端，1999）；(2)內向性行為與情緒問題，如焦慮、苦惱消沈、沮喪、恐懼、失眠、尿床、自傷或自殺、退縮、狂鬧、情緒障礙；(3)學校問題與社會能力方面的問題，如智力與學業欠佳、上課不專心、人際關係欠佳、相信暴力可以處理人際衝突、社會能力表現較差（沈慶鴻，2001b）。

第六節　對目睹兒少之團體介入策略與模式

對於兒童與少年暴力與偏差行為之預防，Fileds 與 McNamara（2003）的研究方現，初級預防與次級預防均很重要，而次級預防的實驗成效似乎比初級預防來得顯著（Fields & McNamara, 2003）。故研究者認為，應以次級預防與初級預防兼具之內涵，對目睹婚姻暴力之兒童與少年加以處遇，以檢視其成效。此處所指之初級預防為預防目睹婚暴兒少日後成為家庭暴力施暴者，次級預防指防止已經發生偏差行為（包括暴力行為）或心理健康問題之兒少不再使用暴力或偏差行為去因應其生活或處理人際關係，並能提升其心理健康程度，避免陷入情緒困擾或人格偏差。

Rose（1998）經歷多年的研究與實務觀察，發現學校是非常適合以團體的模式對兒童與少年進行介入處遇的地方。Mathew（1995）也指出，團體工作的模式適合用以對家庭暴力加害人、被害人與相關問題進行介入。團體處遇對婚暴之目睹兒少而言，也是最常在庇護機構（shelters）中被使用的方式（沈慶鴻，2001a；Jaffe, Wolfe, & Wilson, 1990）。團體工作的介入模式，操作上一般包括問題的確認、實施方案計畫、團體形成、團體帶領與進行、團體過程中的評估、團體之後的評估，更有團體帶領技術、團體動力、團體成員的功能與團體帶領者的功能、團體發展問題的處

理，以及團體結束與評量（林萬億，1998；程小蘋、劉安真、黃慧涵、梁淑娟、顏妃伶等譯，1995；Corey & Corey, 2002; Rose, 1998; Hepworth, Rooney, & Larsen, 1997）。

　　對目睹兒童少年團體輔導教育課程之介入策略，包括對兒童提供支持和給予情緒表達的機會、宣洩憤怒或恐懼憂慮的機會、教導其正確的解決問題之方法、預防兒童虐待與基本的安全防護觀念與技巧、對兩性性別刻板印象與權力控制迷思之處理（沈慶鴻，2001c）。這些議題從社會工作的處遇模式與理論觀之，至少可以包括心理與社會模式（psychosocial model）、認知行為模式（cognitive-behavioral model）、以及危機干預模式（crisis intervention model）（宋麗玉、曾華源、施教裕、鄭麗珍，2002；Payne, 1991）。依團體工作的性質言，屬於治療性的團體模式（remedial model）（方隆彰，2001；林萬億，1998），即透過團體的過程與互動經驗，對成員之心理、社會與各種認知與適應問題加以處理與改變，使其產生自我察覺（insight），改善自己的社會功能運作情形（social functioning）。其中，正確的教育訊息提供、心理諮商、認知調整及行為改變乃是重要的工作面向。

　　Alessi 與 Hearn（1984）曾經規劃對目睹兒童與少年處遇方案，其重點目標置於（轉引自沈慶鴻，2001b：247-248）：⑴提供危機階段的情緒支持；⑵協助辨認情緒與情緒表達和抒解；⑶教導正向的問題解決的技巧；⑷協助兒童少年學習適當的因應行為以適應期暴力家庭環境。團體通常為封閉式與結構式，處遇團體若規劃為 6 次，則各次主題可為：⑴辨認和表達情緒；⑵認識暴力；⑶解決問題之不良方法；⑷解決問題之較好方法；⑸性別刻板印象與權力控制；⑹結束與道別。

　　而 Jeffe, Wilson 與 Wolfe（1986）亦規劃出對目睹嚴重婚暴的兒童進行輔導教育之處遇團體方案，共計 10 次，每次為 1.5 小時，其團體內涵主要為（轉引自沈慶鴻，2001b：248；黃富源、黃翠紋，2000）：⑴辨認情緒；⑵處理自己的憤怒；⑶預防被虐待及基本的安全守則；⑷社會資源與使用；⑸自我概念與社交技巧；⑹對暴力責任之認知與憤怒之處理；⑺對家庭與父母之期望及對未來不確定感的處理；⑻對兩性性別刻板印象及

性別迷思之處理。加上開始與結束，共計 10 次。

　　儘管對目睹婚暴兒童少年團體處遇的策略與主題如此明確，但是在我國之實務機構中，對於此類兒少之需求則顯得相當忽視。陳怡如（2001）之質性訪談研究發現，目前我國實務機構對目睹兒童之處遇十分零散，且未有統整性；實務機構經常經將兒保案件與婚暴案件二分處遇，目睹兒童成為隱性的犧牲者；實務機構尚未對於此類兒童少年的需求發展特定的處遇模式。台灣家庭暨兒童扶助基金會（TCF）嘉義分事務所於 2003 年起才開始嘗試進行目睹家暴兒童之團體方案，但是方案雖然不斷進行，其成效將會如何，仍有待日後檢驗。

　　由此可見團體輔導教育方案是對目睹兒童處遇的重要一環，雖然介入處遇仍有對目睹兒少之個別諮商及家庭介入與處遇，但是在學校、社工機構或庇護機構中，團體方案事實上可以更有效率並較為經濟（林萬億，1998），惟其效果仍有待檢驗。在國外，團體是對某些特定案主最經濟的處遇方式之一，對婚暴的目睹兒童及少年亦是如此，成效也受到實務工作者及研究人員之肯定。Peled（1998）研究發現，參與團體的目睹暴力孩子學到一些與暴力相關的詞彙，得到可以傾聽別人經驗故事、感受、想法的機會，並讓孩子們將這些經驗社會化為一種治療的形式。大多數的孩子們都認為可以與別人分享與討論自己家裡的暴力經驗是一件好事，但也有少數孩童因為無法承受在團體中去談論自己及家庭中的事情與經驗而退出團體。或許有些孩子的情緒仍然未做好準備能夠在團體中去承受討論自己傷痛經驗的感覺。治療者如果能為目睹兒童提供非判斷式、不批判的環境（nonjudgmental environments），讓他們對於父母親的感情與情緒能夠自由的表達，並獲得尊重，則參加團體的目睹兒童將可以受惠。

第七節　團體輔導研究之設計

一、研究方法與進行步驟

本研究之目的為衡量目睹兒童與少年參加輔導教育團體方案對其身心、信念、認知與情緒等之正向效果，故本研究採實驗設計（experimental design）之方式，檢驗團體輔導教育方案對具有家暴目睹經驗之兒童與少年正向影響效果是否存在，作為推廣家庭暴力目睹兒童、少年教育方案之基礎。

(一)研究對象與抽樣方法

本研究之母群體（population）為曾經目睹家庭中父母親婚姻暴力事件與行為之兒童與少年。由於目睹家暴之兒少母群體到底有多少人，事實上無法得知，故無法有具體精確之母群體數量與抽樣架構（sampling frame）。既然無具體的抽樣架構，故本研究無法對目睹家暴之兒少進行隨機抽樣（random sampling），只好採取立意抽樣（purposive sampling）。

本研究以一般學生為對象，採「多階段叢集分層抽樣法」（multi-stage cluster sampling with stratification），從嘉義縣市分區抽取施測行政區，再從各行政區抽取適量的國中與國小，從各抽取的國中與國小抽取施測班級，對全班男女學生進行問卷調查。本研究抽中之學校分別為嘉義市○○國小及嘉義縣○○國中。從此兩所學校之問卷調查中各抽出曾目睹家暴經驗較多之 20 名學生（國小六年級生及國中二年級生），以隨機分派（random assignment）方式將學生分為實驗組與控制組，各 10 人，其中實驗組 10 人參加本研究之團體輔導教育（處遇）方案，控制組 10 人則不接受任何處遇。

(二)研究工具與測量變項

本研究之資料蒐集工具為研究者自編之問卷，曾參考鄭麗月（1999）修訂 Epstein 與 Cullinan（1988）之「情緒障礙量表」，加入研究者研究少年兒童偏差行為之問卷，合併成「目睹家庭暴力事件經驗與情緒行為自陳問卷」（見附錄五）。由於問卷內容融入相關文獻中探討之家庭暴力內涵為基礎自編而成，並經多項研究檢驗與引用，由於問題涵蓋面周延，故有良好的內容效度（content validity）。

目睹家暴經驗特指少年與兒童從小曾經「親眼目睹父母親間發生家庭暴力行為」之經驗，主要以青少年家庭生活內容為問項，詢問受試者從小至今是否親眼看到該項情況，次數多少，嚴重程度如何，藉以測量受試者之家庭暴力目睹經驗。其次，本研究亦參考國內外有關青少年犯罪行為與偏差行為相關研究之內涵與問卷，以及 Achenbach（1979）之兒童行為檢核表（CBCL），自編「青少年兒童偏差行為自陳問卷」，主要係詢問受試青少年與兒童在過去 1 年中（一般少年）或在被收容前 1 年內（犯罪少年），曾經從事各問項所描述之行為之次數，藉以測量受試者之偏差行為之次數。上述 2 份問卷經合併成 1 份施測工具，詳見附錄五。

本研究之測量變項敘述如次：

1. 基本人口學變項：性別、年齡、教育程度、出生序、父母社會經濟地位、父母婚姻狀態、家庭結構。

2. 目睹家暴經驗：指受試者親眼目睹父親對母親、母親對父親、或父母親之間互相實施「身體暴力」、「性暴力」、「精神虐待」、「各種不當的控制與剝削」等行為。另亦探詢受試者在目睹暴力時之成長階段（目睹暴力時之年齡）、目睹次數與嚴重性。如果受試者未與父母親生活，則詢問主要照顧者（例如祖父母或親戚）之間之前述暴力行為。問卷測量方式採 Likert scale 之七點量尺，測量層次為次序測量（ordinal scale），計分時可視為準等距測量（interval scale）。分數越高，表示受試者目睹家暴之經驗越多。

3. 偏差行為：指受試者在過去一年內所從事之「暴力攻擊行為」、「身份偏差行為」、「校園偏差行為」、「非法取財物行為」、「魯莽逃避行為」。問卷測量方式採 Likert scale 之七點量尺，測量層次為次序測量（ordinal scale），計分時可視為準等距測量。分數越高，表示受試者之偏差行為經驗越多。

4. 情緒障礙問題：是參考我國學者鄭麗月（1999）根據美國心理測驗學者 Michael Epstein 與 Douglas Cullinan 所發展之 Scale for Assessing Emotional Disturbance 經標準化過程且有常模可供參照，特別是具有台灣 12 歲至 15 歲少年之常模，其信效度均佳。「情緒障礙量表」（SAED）可以檢測受是者之情緒與行為障礙程度，共有 45 題，約 10 分鐘可以完成測驗，其所測量之變項包括：學習能力、人際關係問題、不當或偏差行為、不快樂或沮喪、生理症狀或害怕、社會失調、整體能力等，分散於 5 個分量表，分數越高表示情緒問題越嚴重。

(三)資料蒐集方法

本研究使用問卷調查（questionnaire survey）進行資料蒐集，請受試樣本填答自陳報告，對自己的目睹家庭暴力經驗與曾經從事偏差行為與情緒反應狀態，逐行填答。問卷施測採團體施測，由研究者與助理人員親自施測，以利填答說明與突發狀況與問題之處理與統一回答。

在輔導教育團體方案部分，被選為可能之團體成員者需符合曾經目睹家庭暴力且有行為偏差與負面情緒之學生，故研究者將先對受試者之目睹家庭暴力經驗與偏差行為進行自陳報告調查，找出合適學生 20 名，並進行隨機分組或配對分組。當實驗組或觀察組（10 名）在參加團體方案過程中，由研究者與助理人員帶領並從旁觀察其在團體中之行為表現，並做記錄。團體實施之前與結束後，均進行偏差行為與負面情緒自陳報告調查，以進行團體方案效果之分析。

㈣資料分析方法

本研究之資料分析採量化分析，以獨立樣本平均數差異顯著性考驗（ t 檢定）對實驗組與控制組少年與兒童進行差異性分析，分析其在接受實驗處遇前後偏差行為與負面情緒之差異情形。

第八節　團體輔導教育方案之設計

團體輔導教育方案受到專業助人者（含實務人員與研究人員）之肯定，十分明顯（Fields & McNamara, 2003; Jeffe, Wilson, Wolfe, 1986; 沈慶鴻，2001b）。本文試圖依照相關學理與研究結論，發展對婚暴目睹兒童與少年之輔導教育團體方案，作為對此類不幸兒童與少年團體處遇之參考。團體單元規劃請見本書附錄六。

一、團體輔導教育方案之基本設計架構

本團體輔導教育方案採取認知行為治療取向，並融入危機干預模式以及心理社會模式，強調治療者主動式、指導式、有時間限制的（time-limited）、及結構式（structured）的團體過程。強調對成員對家庭暴力事件與行為錯誤認知、恐懼與焦慮情緒、暴力行為之社會學習及負面思考、不當信念等之改變。目睹暴力的兒童少年之恐懼與相信暴力能處理人際衝突之信念需被調整與改變，此類團體與自我成長團體及情緒管理團體相類似（謝麗紅，2004），團體帶領者協助他們自己去發現錯誤的觀念，調整認知與情緒，最後能夠改變行為。

團體輔導教育方案共計 10 次（見附錄六），每次 1.5 小時（包括暖場與結束收拾的過程，實質團體進行時間約為 60 分鐘），各次預定之單元主題如次：

1. 相見歡：認識你我他與團體規範。
2. 辨認情緒：與他共處，不能沒有他。

3. 處理自己的憤怒：為什麼生氣？生氣怎麼辦？如何不生氣？

4. 預防受暴及基本的安全守則：誰使用暴力？如何避免。

5. 社會資源與使用：誰在哪裡可以幫助你，求助不是弱者。

6. 自我概念與社交技巧：我是誰？我愛我自己，希望大家都是好朋友。

7. 暴力之法律責任：法律教育，知法、守法、不犯法。

8. 對父母之期望及對未來不確定感的處理：爸媽請聽我說、家庭生活的意義，我的未來不是夢。

9. 好男與好女：對兩性性別刻板印象、兩性關係及性別迷思之處理。

10. 歡樂完結篇：感謝你陪我，在這些日子以來。

　　輔導教育團體需由資深且富有經驗之社會工作人員擔任主要帶領者（group leader），另需協同帶領者（co-leader）1名，及1名團體觀察員（observer）。前述10次團體內容、流程、所需專業內涵與器材，均應事先完整規劃，甚至事先進行預演，包括單元內容（專業知識）、活動細節、器材之規劃與準備、時間之預估與流程之順暢，均事先演練與確認（團體活動流程請見附錄七）。每一次團體均進行觀察記錄（如設備許可及成員同意，可考慮進行同步錄音與錄影，以方便研究與檢討）。觀察與記錄工作由觀察員與協同帶領人擔任，並進行每一次團體事後討論，遇有團體之突發狀況或問題，亦應立即處理。記錄資料並可作為評估成員進步狀況與團體效果之一部份。

二、團體發展階段與團體帶領注意事項

　　Garland、Jones 與 Kolodny（1965）將團體發展分為 5 個階段，分別是(1)「友好合作關係前之階段」（pre-affiliation）；(2)「權力與控制階段」（power and control）；(3)「親密階段」（intimacy）；(4)「分化與差異階段」（differentiation）；(5)「分離階段」（separation）（轉引自 Hepworth, Rooney, & Larsen, 1997）。這 5 個階段的意涵分別是：

1. 「友好合作關係前之階段」：指團體成員剛在同一個團體中見面

聚合，甫認識之初尚未發展出彼此友好與能夠合作的階段，不過，通常也不會有明顯負面的敵意或爭執，接著彼此開始交流認識，進入到能彼此善意互動的狀態。

2.「權力與控制階段」：指團體成員為了讓團體能夠順暢運作，及團體的課題或任務能順利達成，開始在團體內產生工作或角色的分配，透過自然的形成或人為的分化，形成有領導功能的內部組織，產生權力分配與運作狀態。為了達成團體的目標，需要有領導、服從追隨，或控制的措施。

3.「親密階段」：指團體成員相互間密切互動，連結性強，共識性高，互相配合狀況良好，情感進入密切階段，此時團體有強力的運作能量。

4.「分化與差異階段」：指團體成員對某些團體中的議題與關切的事情表示看法，由於觀點、想法、立場或價值觀不同，可能產生歧異的見解。此時團體會遭受某種程度之衝擊，嚴重的話可能會崩解，但是也可能使團體的觀點更多元，發展更具包容力的團體動力，團體解決問題與面對變遷衝擊的能力可能更強，團體成員獲得之發展性可能更好。

5.「分離階段」：指團體進入成熟及結束階段，此時成員個人與團體共同的目標可能已經達成，成員從一系列的團體互動中獲益。因為每一個團體終有終結之時，故團體成員必然會面對要分離的時刻。分離情緒與未竟事項之處理變得十分重要。

上述這些對成人自願團體之發展階段說法，是否在兒童與少年團體都會出現，則需進一步驗證；換句話說，兒童及少年的團體未必一定出現上述的各階段，也有出現其他狀況或發展階段的可能，值得團體帶領者留意。兒童與少年在團體中能否形成正向的團體動力，端賴團體帶領者之專業技巧與個人素質而定。

首先，兒童與少年團體通常不會是自願團體，經常都是非自願性的組成或經學校、機構或法令規定而來參與團體方案，所以，團體帶領者經常會遇到「抗拒性的成員」（reluctant members）。兒童與少年常會對被要

求參加團體方案的動機與目的產生懷疑,甚至會有焦慮不安或冷漠以對的情況,所以,他們可能被動沈默,甚至公然表示出不配合的態度與行為。甚至會有少部分成員誤以為被迫參與團體是對他們的一種懲罰。因此,團體帶領者之專業技巧需要能在第一次或第二次團體聚會的時刻裡,對兒童與少年團體成員進行詳盡說明,並建立起良性的「投契關係」(rapport),使目睹家暴的孩子們能夠疑懼盡釋,不將參與團體方案視為額外的負擔或懲罰,更不可使他們因參與團體方案而遭到標籤化或污名化(labeled or stigmatized),並能接受團體帶領者成為他們的好朋友或大哥哥、大姊姊,甚至是一位親和的老師(mentor)。這是團體方案成功進行的第一步,也是團體一開始最重要的課題。團體帶領者需表現出親善、同理、接納、溫暖、支持、機智與幽默,並能吸引兒童與少年們的注意力。團體宗旨、目標及規範之書面說明,書面團體契約等應是必要之作法。

　　兒童與少年的團體通常需要比成人團體有更多的結構性與指導性(structure and direction),較能幫助孩子們在團體中獲益,也可以考慮有更明確的活動與作業指導(Rose, 1998)。透過團體過程幫助孩子們有更好的社會化(socialization),達成較佳的社會功能適應(social functioning)(Rose, 1998)。成員人數以 10 人為度,要有更多的活動設計(activities),方不至於渙散失焦或枯躁無聊。每一次團體需要有清楚明確的目標與說明,使每一位成員清楚知悉該次團體的目標與活動過程;每一次團體的真正進行時間最長以 1 個小時為度(加上開始與結束階段可以超過 1 個小時),以免他們注意力難以集中。團體進行過程應該緊湊、順暢,帶領者對於所有活動的過程與所需器材或材料,均應事先準備妥當,並且先經過演練與量測所需時間。前一活動與後一活動之轉換需要預留緩衝時間,不需將全部的 60 分鐘擠壓得太緊,因為在實際團體進行過程中,難免會有事先難以預設的狀況發生,這些狀況需要時間來加以處理,因此,規劃團體方案的活動過程,預留緩衝與彈性時間,必然是需要的。

第九節　輔導教育團體研究發現

一、實驗組少年情緒與行為前後測得分

實前 32　42　135　115　39　43　29　73　88　81

實後 32　27　108　98　59　49　59　60　61　54

實驗組少年之前測得分平均為 67.7，後測得分平均為 50.9，經 t 檢定考驗，發現其前後測間之分數平均數差異達顯著（t=2.45, df=18, p<.05）。亦即，經團體輔導教育處遇之後，實驗組少年之負面情緒與行為獲得顯著改善。

二、控制組少年情緒與行為前後測得分

控前 48　23　26　64　6　20　20　40　50　58

控後 53　32　16　64　8　37　21　28　42　37

控制組少年之前測得分平均為 35.5，後測得分平均為 33.8，經 t 檢定考驗，發現其前後測間之分數平均數差異未達顯著（t=0.49, df=18, p>.05）。亦即，未接受團體輔導教育處遇之控制組少年，其負面情緒與行為在前後測上之表現沒有明顯不同。

三、實驗組兒童情緒與行為前後測得分

實前 33　40　46　30　90　105　44　31　40　40

實後 23　40　51　14　88　68　42　25　40　39

實驗組兒童之前測得分平均為 49.9，後測得分平均為 38.8，經 t 檢定考驗，發現其前後測間之分數平均數差異未達顯著（t=0.87, df=18, p>.05）。

亦即，經團體輔導教育處遇之後，雖然實驗組兒童之負面情緒與行為後測平均得分比前測減少，但是未達到統計學上之顯著差異，故本研究無法認定實驗組兒童之負面情緒與行為真正獲得顯著改善。

四、控制組兒童情緒與行為前後測得分

控前 40　31　92　42　37　44　26　40　44　30
控後 38　30　63　21　38　46　25　41　46　31

控制組兒童之前測得分平均為 38.4，後測得分平均為 37.9，經 t 檢定考驗，發現其前後測間之分數平均數差異未達顯著（t=0.19, df=18, p>.05）。亦即，未接受團體輔導教育處遇之控制組兒童，其負面情緒與行為在前後測上之表現沒有明顯不同。

第十節　研究討論與檢討

團體輔導課程在國外已經被證實對於曾經目睹家暴暴力的兒童與少年具有正面的影響，可以去除他們目睹暴力之後的負面身心反應（次級預防之效果比初級預防之效果好），減少他們日後遭遇更多情緒與行為問題的機會（Fields & McNamara, 2003）。瑞典的研究學者也發現團體治療對於遭受性侵害的婦女有長期及短期療效，可以提升他們的心理健康（Lundqvist, Svedin, Hansson, & Broman, 2006）。本研究乃是我國極少數對於目睹兒童與少年進行團體處遇之方案實施與成效檢驗，對日後研究具有指引的作用。然而，在本研究中兩組發展程度不同的受試者出現不同的團體影響程度，亦即國中少年受團體處遇之實驗處遇後，其與目睹家暴相關之負面情緒與行為獲得正向的改善，且達統計學上之顯著差異。然而國小學童接受團體處遇方案之實驗組，與未接受團體處遇之控制組相比較，其在減少負面情緒與行為方面之效果，未達到統計學上之顯著水準。

為何同樣實施團體處遇，對於少年與兒童會有不一樣的成效？研究者

提出以下各點加以討論：

1. 少年與兒童在生理發育與認知功能成熟度有差異，故一樣的處遇
課程對他們產生差別的效果：由於國中少年已經正式進入青春
期，且年紀平均比國小受試者大 2 歲左右，故其認知能力、抽象
思考、人際關係之敏感度均發展較佳，對於處遇課程較能理解，
故其從處遇團體所獲之幫助較大。

2. 國中與國小團體處遇課程內容完整性不完全相同，國小團體之處
遇時間稍短，故其內容效度較差，團體效果亦較差：由於受限於
學校之行政與課程時間之限制，國小每次之團體處遇時間均比國
中短約 10 至 15 分鐘，且團體進行之次數亦少了一次，雖然團體
帶領者盡量將團體的內涵加以實施，但仍有許多要點未能完全進
行，故兩個團體之內容效度均比預期打了折扣，其中國小團體之
影響更大。

3. 本實驗方案兩個實驗處遇團體的帶領人並不相同，雖然都是曾經
受過團體工作專業訓練之研究生，但是，因為帶領人不同，可能
對團體產生不一樣之效果。

4. 本研究原本規劃 10 次團體，每週進行 1 個單元。但因學校之行政
配合上之限制，以及研究團隊時間之配合問題，使得本研究之團
體以 5 週完成，每週有 2 個單元密集進行，是否因而影響團體課
程之成效，或許有此可能。

5. 國小學童之團體課程內容與國中團體內容相近似，或許是因為國
中學生之理解程度高於國小學生，故從課程中獲得之影響效果較
明顯。

為了能改善前述之可能影響因素，研究者認為以下各點可以提供後續
研究之參考：

1. 運用於國小兒童之團體處遇課程應該降低其內容難度，增加其遊
戲性與趣味性，使受試之學童能更容易理解團體處遇內容。研究
者所規劃之團體課程內容若能先請國小教師協助調整或修正其難
度，甚至商請國中、國小學校教師一起參與研究，則效果應會更

為提升。

2. 社會科學研究商請人群服務機構（例如學校）協助進行研究，不論問卷調查或進行團體處遇，當然應配合學校之行政要求與方便之時間安排。本研究若能在寒假或暑假其間就與受研究之學校商談好所需之週數，而學校也願意配合將團體處遇之時間納入學校之行事曆，並儘早確認參加團體之學生，則可使團體處遇之時間更充裕，團體處遇實施之內容效度（content validity）更周延，團體達成預期成效之可能性可能越大。當然這些行政的協調與時間之安排，考驗著研究者的協調與溝通能力，也需人群服務機構願意鼎力相助方能達成。以本研究為例，若能依原定之 10 週進行 10 單元，可能團體的效果會更好。

3. 家庭暴力的問題涉及複雜的家內人際關係與生心理調適的問題，在國小階段要讓學童完全理解這些問題內涵，的確不是一件容易的事。當目睹家暴的兒童或少年進入青春期以後，由於生理與心理發展快速，較能對家暴所涉及之複雜問題做較為深入的思考。因此，研究者認為，對於目睹家暴之兒少之團體處遇，若在有限的專業資源情況下，宜以進入青春期的少年為對象，可能成效會較佳。至於因為目睹家暴導致身心失衡的兒童，或許可考慮以個別諮商的方式協助其度過難關，減低目睹家暴之衝擊。

4. 團體帶領者如果想要更能掌握帶領兒童與少年團體，除了社會團體工作與團體諮商的課程外，最好也能接受兒童心理學、少年心理學、團體動力學、方案設計與評估等課程之專業訓練，並且最好能有參與團體的經驗（被帶領以及實際帶領團體之經驗），從團體參與的經驗中去感受身為一位團體領導者的準備要求，以及控制團體進行狀況的實際能力。

5. 少年與兒童的目睹家暴處遇團體內容之規劃應該有所區隔，在以符合實證研究學理與發現的知識為基礎之下，兒童之處遇內涵應儘量活動化、遊戲化，並降低團體帶領者說話與材料準備之難度。對於少年則可加入較多的討論與引導發言，活動或遊戲也是

婚暴目睹兒童及少年之輔導教育團體

必要的，但不宜讓少年感覺過於幼稚或可笑。帶領者需注意團體的動力與場面之控制，避免讓少數人獨占發言或過度自我表現。不論兒童或少年的家暴目睹團體，若有合適長度之家暴防治教學影帶（以 20 分鐘為宜）或故事分享，都是不錯的選擇，應能提升團體成員在團體中的注意力與興趣。

第十一節　結語

目睹家庭暴力對兒童及少年身心之負面影響並不亞於受虐兒童少年之親身受暴，如果以其對兒少可能產生之負面身心反應，及情緒與社會性傷害，可被認為是兒少虐待（不當對待）的一種特殊型態，我國之〈兒童及少年福利法〉第四十三條也規定對於目睹家暴兒童少年應該提出處遇計畫予以輔導。現在實務界與臨床工作者雖然已經漸漸注意到這個嚴肅的課題，但是實際採取輔導措施去處遇這類孩子的作法是微乎其微。本文除了深入探討兒童及少年目睹家暴對其身心之負面影響外，更討論並採取社會團體工作模式之團體輔導教育方案設計，對是類兒童與少年進行處遇之發展方向。本文也對於本團體處遇之問題與可能之改進方向進行討論，更期盼目睹兒童與少年之輔導機構能真正落實到實際的處遇行動上，以消除目睹家暴兒童與少年之身心負面效果，預防他們日後成為身心不健康與行為偏差之人。

參考資料

王秀絨（1994）。被虐兒童的問題及遊戲治療之應用。載於中華兒童福利基金會（主編），**輔導實務——個案輔導、團體工作社區服務**（頁221-225）。台中：中華兒童福利基金會。

王淑女（1994）。家庭暴力對青少年暴力及犯罪行為的影響。**律師通訊**

兒童虐待與少年偏差

問題與防治

184，39-48。

方隆彰（2001）。社會團體工作。載於萬育維（編著），**社會工作概論：理論與實務**（頁 73-96）。台北：雙葉書局。

吳武典（1991）。**團體輔導手冊**。台北：心理出版社。

吳素霞（2001）。家庭暴力防治網絡個別體系功能整合之探討。**社區發展，94**，32-41。

沈慶鴻（2001a）。缺角的童年──關懷婚姻暴力下的目睹兒童。**律師雜誌，267**，36-48。

沈慶鴻（2001b）。被遺忘的受害者──談婚姻暴力目睹兒童的影響和介入策略。**社區發展，94**，241-251。

沈慶鴻（2001c）。由代間傳遞的觀點探索婚姻暴力對目睹兒童的影響。**中華心理衛生學刊，14**(2)，65-86。

宋麗玉、曾華源、施教裕、鄭麗珍（2002）。**社會工作理論：處遇模式與案例分析**。台北：洪葉文化出版。

林明傑、鄭瑞隆、蔡宗晃、張秀鴛、李文輝（2005）。家庭暴力案件危險分級管理試辦方案及其成效之介紹。**亞洲家庭暴力與性侵害期刊，1**(1)，215-244。

林萬億（1998）。**團體工作：理論與技巧**。台北：五南出版。

周月清（1997）。**婚姻暴力：理論分析與社會工作處置**。台北：巨流出公司。

周震歐（1989）。兒童虐待、忽視與少年犯罪。**研考月刊，148**，15-22。

侯崇文（2001）。家庭結構、家庭關係與青少年偏差行為探討。**應用心理研究，11**，25-44。

陳若璋（1996）。**婚姻暴力研究之回顧與展望**。論文發表於台大人口研究室婦女研究中心舉辦之「婦女人權的回顧與展望研討會」會議，台北市。

陳怡如（2001）。婚姻暴力目睹兒童處遇現況之探討。**社區發展，94**，252-267。

陳毓文（1999）。**暴力環境與暴力少年：一個社會問題還是兩個？**論文發

表於中央研究院社會問題研究推動委員會舉辦之「社會問題研究學術研討會」會議，台北市。

程小蘋、劉安真、黃慧涵、梁淑娟、顏妃伶等編譯（1995）。**團體諮商：策略與技巧**。台北：五南圖書出版。

黃志中、謝靜雯、周煌智、吳慈恩、陳筱萍、張淳茜（2005）。家庭暴力驗傷診斷書品質之介入研究。**亞洲家庭暴力與性侵害期刊**，**1**(1)，27-48。

黃富源、黃翠紋（2000）。婚姻暴力對於兒童、青少年行為影響及其防處策略之探討。**警學叢刊**，**30**(4)，239-261。

曾慶玲、周麗端（1999）。父母婚姻暴力對兒童問題行為影響研究。**家政教育學報**，**2**，66-89。

楊士隆（2006）。**犯罪心理學**。台北：五南圖書出版。

楊孝濚（2001）。家庭暴力防治與家庭暴力防治體制之規劃。**社區發展**，**94**，18-31。

蔡德輝、楊士隆（1997）。**少年犯罪：理論與實務**。台北：五南圖書公司。

鄭瑞隆（1997）。少女從娼原因與防治策略之研究。**犯罪學期刊**，**3**，85-120。

鄭瑞隆（2001）。家庭暴力被害經驗與少年偏差行為關係之研究。**犯罪學期刊**，**8**，215-246。

鄭瑞隆（2002）。**家庭暴力加害人特質與處遇評估工具之研究**。內政部家庭暴力防治委員會委託研究報告。

簡慧娟（2001）。家庭暴力防治法實施以來的執行困境與展望。**社區發展**，**94**，42-47。

鄭麗月（1999）。**情緒障礙量表**（**SAED: Scale for Assessing Emotional Disturbance**）。台北：心理出版社。

謝麗紅（2004）。**團體諮商方案設計與實例**。台北：五南出版。

Achenbach, T. M. (1979). The child behavior profile: An empirically based system for assessing children's behavior problem and competencies. *Interna-

tional Journal of Mental Health, 7, 24-42.

Alessi, J. J., & Hearn, K. (1984). Group treatment of children in shelters for battered women. In A. R. Roberts (Ed.), *Battered women and their families* (pp. 49-61). NY: Springer.

Bandura, A. (1973). *Aggression: A social learning analysis.* Englewood Cliffs, NJ: Prentice Hall.

Bandura, A., & Walters, R. (1963). *Adolescent aggression.* NY: Ronald Press.

Bartol, C. R. (1995). *Criminal behavior: A psychosocial approach* (4th ed.). *Englewood Cliffs, NJ: Prentice Hall.*

Bennett, L. W., & Williams, O. J. (1999). Men who batter. In R. L. Hampton (Ed.), *Family violence: Prevention and treatment* (2nd ed.)(pp. 227-259). Thousand Oaks, CA: Sage.

Blau, G. M., & Long, D. (1999). The prediction, assessment, and treatment of family violence. In R. L. Hampton (Ed.), *Family violence: Prevention and treatment* (2nd ed.)(pp. 309-338). Thousand Oaks, CA: Sage.

Carlson, B. E. (1984). Children's observations of interparental violence. In A. R. Roberts (Ed.), *Battered women and their families* (pp. 147-167). NY: Springer.

Corey, M. S., & Corey, G. (2002). *Groups: Process and practice* (6th ed.). Pacific Groves, CA: Brooks/Cole.

Davidson, T. (1978). *Conjugal crime: Understanding and changing the wife beating pattern.* NY: Hawthorn.

Edleson, J. L. (1999). *Problems associated with children's witnessing of domestic violence.* Violence against women online resources, National Resource Center on Domestic Violence, the University of Minnesota (www.vaw. umn.edu/witness.htm).

Fields, S. A., McNamara, J. R. (2003). The prevention of child and adolescent violence : A review. *Aggression and Violent Behavior, 8*, 61-91.

Flynn, C. (1994). Reginal differences in attitude toward corporal punishment.

Journal of Marriage and the Family, 56, 314-324.

Gayford, J. J. (1975). Battering: A preliminary survey of 100 cases. *British Medical Journal, 25*(1), 94-97.

Gelles, R. J. (1999). Family violence. In R. L. Hampton (Ed.), *Family violence: Prevention and treatment* (2nd ed.)(pp. 1-32). Thousand Oaks, CA: Sage.

Hampton, R. L., Jenkins, P., & Vandergriff-Avery, M. (1999). Physical and sexual violence in marriage. In R. L. Hampton (Ed.), *Family violence: Prevention and treatment* (2nd ed.)(pp. 168-197). Thousand Oaks, CA: Sage.

Harden, B. J., & Koblinsky, S. A. (1999). Double exposure: Children affected by family and community violence. In R. L. Hampton (Ed.), *Family violence: Prevention and treatment* (2nd ed.)(pp. 66-102). Thousand Oaks, CA: Sage.

Hepworth, D. H., Rooney, R. H., & Larsen, J. A. (1997). *Direct social work practice: Theory and skills* (5th ed.). NY: Brooks/Cole Publishing Company.

Hughes, H. M. (1986). Research with children in shelters: Implications for clinical services. *Children Today, 15*(2), 21-25.

Jaffe, P., Wilson, S., & Wolfe, D. E. (1986). Promoting changes in attitudes and understanding of conflict resolution among child witnesses of family violence. *Canadian Journal of Behavioral Science, 18*, 356-366.

Jaffe, P. G., Wolfe, D. A., & Wilson, S. K. (1990). *Children of battered women*. Newbury Park, CA: Sage.

Kaufman, J., & Zigler, E. (1987). Do abused children become abusive parents? *American Journal of Orthopsychiatry, 57*, 186-192.

Leighton, B. (1989). *Spousal abuse in metropolitan Toronto: Research report on the response of the criminal justice system* (Report No. 1989-02). Ottawa: Solicitor General of Canada.

Lundqvist, G., Svedin, C. G., Hansson, K., & Broman, I. (2006). Group therapy for women sexually abused as children: Mental health before and after group therapy. *Journal of Interpersonal Violence, 21*(12), 1665-1677.

Mathew, D. (1995). Parenting groups for men who batter. In E. Peled, P. Jaffe, & J. Edleson (Eds.), *Ending the cycle of violence: Community responses to children of battered women*. Thousand Oaks, CA: Sage.

Mathias, J. L., Mertin, P., & Murray, A. (1995). The psychological functioning of children from backgrounds of domestic violence. *Australian Psychologist, 30*, 47-56.

Payne, M. (1991). *Modern social work theory: A critical introduction*. Chicago, IL: Lyceum.

Peled, E. (1998). The experience of living with violence for preadolescent children of battered women. *Youth & Society, 29*(4), 395-430.

Pizzey, E. (1977). *Scream quietly or the neighbors will hear*. Short Hills, NJ: Ridley Enslow.

Rose, S. D. (1998). *Group therapy with troubled youth: A cognitive-behavioral interactive approach*. Thousand Oaks, CA: Sage.

Rosenberg, M. S. (1984). *Inter-generational family violence: A critique and implications for witnessing children*. Paper presented at the 92nd annual convention of the American Psychological Association, Toronto.

Rossman, B. B. (1998). Descartes's error and posttraumatic stress disorder: Cognition and emotion in children who are exposed to parental violence. In G. W. Holden, R. Geffner, & E. N. Jouriles (Eds.), *Children exposed to marital violence* (pp. 223-256). Washington, DC: American Psychological Association.

Russell, D. (1986). *The secret trauma*. NY: Basic Books.

Salzinger, S., Feldman, R. S., Hammer, M., & Rosario, M. (1992). Constellations of family violence and their differential effects on children's behavioral disturbance. *Child & Family Behavior Therapy, 14*(4), 23-41.

Segal, E., & Gustavsson, N. (1990). The high cost of neglecting children: The need for a preventive policy agenda. *Child and Adolescent Social Work, 7*,

婚暴目睹兒童及少年之輔導教育團體

475-485.

Singer, M. I., Miller, D. B., Guo, S., Slovak, K., & Frierson, T. (1998). *The mental health consequences of children's exposure to violence.* Cleveland, OH: Cayahoga County Community Mental Health Research Institute, Mandel School of Applied Social Sciences, Case Western Reserve University.

Spaccarelli, S., Coatsworth, J. D., & Bowden, B. S. (1995). Exposure to serious family violence among incarcerated boys: Its association with violent offending and potential mediating variables. *Violence and Victims, 10,* 163-182.

Stosny, S. (1994). Shadows of the heart: A dramatic video for the treatment resistance of spousal abusers. *Social Work, 39*(6), 686-694.

Straus, M. A. (1991). *Children as witness to marital violence: A risk factor for life long problems among a nationally representative sample of American men and women.* (ERIC Document Reproduction Service No. ED 336713)

Sutherland, E. H., & Cressey, D. R. (1978). *Criminology* (10th ed.). Philadelphia: J. B. Lippincott.

Walker, L. E. A. (2000). *The battered woman syndrome* (2nd ed.). NY: Springer Publishing Company.

Wicks-Nelson, R., & Israel, A. C. (1995). *Behavior disorders of childhood* (3rd ed.). Upper Saddle River, NJ: Prentice Hall.

Widom, C. S. (1989a). Does violence beget violence? A critical examination of the literature. *Psychological Bulletin, 106*(1), 3-28.

Widom, C. S. (1989b) . The cycle of violence. *Science, 244*, 160-166.

Wiehe, V. R. (1996). *Working with child abuse and neglect.* Thousand Oaks, CA: Sage.

兒
童
虐
待
與
少
年
偏
差

問題與防治

第**5**章

兒童虐待與少年偏差的共線性：
對防治的啟示

第一節　家庭病理：兒虐及少年偏差之共通因素

　　「家庭病理」（family pathology）這個名詞是一個譬喻，將家庭這個實體比擬成一個人的個體，認為個體的生理與心理有罹病的可能，家庭這個實體亦復如此。所謂「病理」，是對疾病的性質、特性、發生的原因、病症產生的過程、病症發展的過程，與病症所導致的結果，進行科學研究（The American Heritage Dictionary, 1991: 910）。個體的健康情況可以衡量，如果罹患疾病而未適當診治，則其結果將更惡化，甚至危及個體的生命。家庭作為一個家人組成的親密團體，其健康情形也可以衡量，若出現家庭不健康或類似個體罹病的現象而未加以適當處理（評估及處遇），則其病理現象惡化的結果也會危及家庭的生命，直接或間接地衝擊家庭成員的關係與健康，更會導致家庭成員之行為失序或彼此傷害。家庭病理特別關切家庭罹患疾病的原因、症狀、後果，以及如何防治（Cheng, 2004）。

　　家庭病理對於一個家庭健康情形之探討，可以從家庭結構、家庭功

能、家庭系統、家人關係、家庭氣氛、家庭管理、家庭經濟、家庭生命週期、家人被害或行為偏差等角度加以討論（Cheng, 2004）。從罹患疾病的可能性來看，如果家庭之結構破碎或不健全，家庭功能失調或缺陷，家庭系統紊亂或界限不明，家人關係疏離或交惡，家庭氣氛緊張或悲愴，家庭管理失當或迷亂，家庭經濟低落或困頓，家庭生命週期導致壓力沈重，家人經常被害，或常出現偏差或犯罪行為，則那個家庭罹患疾病的可能性相當的高。這些情況可以被歸納成家庭出現病理現象的原因。

這些家庭病理現象可能導致兒童及少年的父母親離婚、家庭照顧不週或失去監督、兒少成長或發育不良、兒少遭受不當管教或暴力傷害、兒少缺乏適當的教養與價值觀念、兒少缺乏家庭認同感與歸屬感、家人關係不和諧且常有紛爭、家庭環境髒亂不潔或易讓兒少暴露於不安全或不道德的環境、兒少缺乏適當的物質需求滿足或三餐不繼、家庭主要經濟維持者失業使得經濟陷入困境、家庭成員需要特別照顧導致兒少照顧的需求受到疏忽、兒少課業缺乏適度的監督或指導導致成就低落、家庭成員遭受家內或家外的侵害、缺乏保護家庭成員及兒少的能力、家庭成員發生意外傷害、家庭成員出現各種偏差行為（例如：酒精依賴、賭博、濫用藥物）、家庭成員從事犯罪行為（例如竊盜、詐欺、傷害、吸毒、性交易、家暴、殺人、搶奪、強制罪）等，這些情形成使得兒少本身及其家庭成員間常有衝突與矛盾，導致情緒緊張、低落、經常不快樂（Boss, 1988），甚至出現憂鬱、躁鬱、焦慮、情感精神障礙、體化症狀（somatic symptoms），也可能身體受傷、常有不適感，對人對己懷有敵意，容易於日常生活中與家人或他人發生爭執與對抗，自我概念及自尊低落，有些兒少甚至會有逃家或離家，及自我傷害的念頭（例如：割腕、吃過量安眠藥、想跳樓或燒碳）（American Psychiatric Association, 2000）。由於家庭中缺乏溫暖的愛或罹患「缺愛症候群」（鄭瑞隆，2002；Cheng, 2004）、家人的疏離或交惡關係，以及心中常感到空虛寂寞、缺乏支持感，這樣家庭的兒少常會有想往家外去遁逃的想法（鄭瑞隆，2004a），或者陷入無助與精神解離。

來自病態家庭（pathological family）的兒童及少年，因為很少得到家庭充分的關愛與支持，甚至已經遭受家庭（父母親、照顧者或其他成員）

相當多傷害，因此，在情感上或實際生活上早就想要與家庭割離，變成隻身在家庭外的社會大染缸漂流打滾，或容易被吸引加入一些非法組織的活動，從外界的社會友人處獲得所需要的支持與情感慰藉（鄭瑞隆，2004a；2004b）。在此情況下，為了獲得感情慰藉、生活所需，以及同儕的接納，少年很容易從事不正當或非法的行為，例如：從事非法幫派圍事活動、擔任非法場所（特殊場所）的服務人員、參與販售毒品或違法物品的行列、從事竊盜或結夥強盜搶奪、從事性交易（包括網路援交）、加入吸毒的行列、與人一起飆車、男女雜居或雜交，目的是要生活、要享樂、要解放，擺脫家庭生活的不愉快與枷鎖，要證明自己已經長大、能夠獨立生活。

由於此類家庭出身的兒少，可能很早就在家庭外的大社會打滾、漂流，所以，很早就經歷負面的社會化，生活作息不正常、學業中輟、吸煙、喝酒、打架、偷竊、過早性交、與人雜交、性交易、飆車、吸毒、賭博、網路成癮、詐欺、攜帶刀械等行為，都十分普遍。這些偏差行為已經讓這些少年遊走於觸犯刑罰法律的邊緣，極可能遭受刑事司法的干預，甚至觸法而進入少年安置機構或少年矯正機構。

從以上分析可以知道，兒童少年虐待及少年偏差兩類問題，在家庭之成因上有著非常相近似的共同特徵，家庭病理現象或家庭之諸多問題，可以促發兒童少年被虐待，也是少年發生偏差或犯罪行為之基本原因（周震歐、簡茂發、葉重新、高金桂，1982；周震歐，1989）。既然兒少受虐與少年偏差行為有這些共同的家庭病理因素，且本研究亦印證了兒少受虐後因為出現生理傷害、心理創傷，容易以負面的行為去因應受虐後之身心痛苦與不快樂的感覺，因而容易導引出偏差行為或犯罪行為；因此，防止兒少受虐、防止受虐兒少發生負面因應行為，都可以預防少年發生偏差行為，更可能消弭少年之犯罪行為。本研究者大膽提議，預防少年偏差或犯罪行為，應該考慮雙管齊下的策略和作為，一方面最基本、最重要的，就是應從防止兒童及少年受虐，另一方面應該對受虐兒少進行支持性的保護（supportive protection）及復健式處遇（rehabilitative treatment）（黃秀香、鄭善明、翁慧圓、張柏晴，2004；Kilpatrick & Holland, 2003），使其

減少受虐或於受虐後能得到身心治療與輔導教育，不至於進一步發生負面因的應行為，方能消除少年偏差或少年犯罪之潛在病因。

第二節　兒少受虐對身心造成的負面影響

　　哈佛大學教授 Martin H. Teicher 曾以文獻回顧與臨床觀察的方式，對童年遭受虐待的病患進行研究，他提出論述表示，有相當多的證據顯示，童年經常受虐的人其大腦結構與功能會產生無法恢復的變化，受虐者的杏仁體與海馬回的體積比未受虐的正常人更小，且其體積一旦縮小即無法回復原來的大小；換句話說，這樣的大腦器質及結構功能上的損傷，是屬於不可挽回的結果（irretrievable consequence），幾乎不太可能讓縮小的部位回到原狀（潘震澤譯，2002）。這兩個腦結構負責管理人類的情緒功能與人際互動能力的判斷，所以，他研判受虐者將在這兩方面有缺陷，使得他們的情緒控制力較差，正常人際互動能力有缺陷，導致容易憤怒、衝動，對他人缺乏同理心，無法擁有正常的愛人與自愛的能力。

　　Teicher 教授的著作發表後，引起廣泛的注意與討論，正好可與個人的研究發現及相關文獻之討論互為印證。本人研究發現，矯正機構中的犯罪少年明顯地比一般少年（一般學生）在童年遭受更多各種虐待之經驗。犯罪少年進入機構收容之前一年內之偏差行為，比一般少年於受試之前一年內之偏差行為更多，且其差異達統計學上之顯著水準。在研究中也發現，一般少年也非全部都沒有被虐待之經驗，「打罵教育」在台灣社會上是極其普遍的管教方式，許多父母親從小是被打罵長大的，他（她）們成為父母親後，在孩子需要管教時，也很自然地使用曾經被對待的方式去對待他（她）們的孩子。只是程度上的不同，犯罪少年被虐待或暴力相向之程度較嚴重，或較常被虐，故被傷害較深、產生負面因應行為之情形較多。

　　從研究受試們的回憶式自陳報告中得知，犯罪少年受虐後比一般少年有更嚴重的生理受傷、心理創傷、所採取之負面因應行為，亦比一般少年多。可以推論，雖然一般少年也曾經偶有遭受暴力對待或不當對待，但

其發生頻率或嚴重程度可能不如犯罪少年所遭受的程度，故其生理受傷及心理創傷情形較為輕微，還在一般少年們可以忍受或自我處理的範圍內，所以他（她）們較少或不會以負面的因應方式去表現，因此，也較少有機會出現偏差行為或犯罪行為。因為個人研究發現，兒童受虐經驗會經由生理受傷及心理創傷，讓受虐兒少出現負面的因應行為，雖然生理傷害對於發生偏差行為有些微的遏阻作用（β=-0.53, t=-2.50, p<.05），但是，整體而言無法讓受虐兒少只出現生理傷害而無心理創傷，且生理傷害對負面因應行為的促發力量更大（β=.308, t=17.03, p<.001），心理創傷（悲傷難過、憤怒憎恨、沒安全感、焦慮不安、怪罪自己、想要報復、一片茫然等感覺）對於發生負面因應行為的作用力亦相當（β=.342, t=19.49, p<.001），故一旦兒少受虐後有出現生理傷害及心理創傷，其以負面因應的方式加以反應的機率不小，一旦開始出現負面因應的行為後，隨後產生偏差行為（負面因應預測偏差行為之路徑係數β=.545, t=25.56, p<.001），甚至犯罪行為的機率達3成以上，其整體預測力為31.5%。一般少年即使曾經遭遇不當的對待，但可能很少出現較明顯的生理傷害及心理創傷，因此，發生負面因應的行為及後續的偏差行為之機率比較低。

另一可能性也許是一般少年也許比較幸運，他（她）們的生活環境裡（家庭、家族、學校、社區）可能存在有較多的保護性因素（protective factors），對他們輕微受傷的身心提供了緩衝、保護或復原力量（Milner & Crouch, 1999），例如，關心、安慰、介入、調解、隔離、庇護、監督等，使得受虐的兒童少年能獲得保護及復原，所以不會進一步形成惡化或進入惡性循環，他（她）們也可以不用採取負面因應的行為去反應，例如，逃家、離家（無故離開家3天以上）、逃學、報復、反擊、吸毒、輟學（含休學）、自我傷害（含自殺企圖）。保護性因子可以受虐兒少獲得關心、慰藉、支持、鼓勵、庇護、實質問題處理（如金錢與物質提供）、生活的力量、信心、方向感，解消受虐之生理與心理傷害，實質地降低受虐兒少心理異常及從事偏差行為的機率，也大大地減少了少年犯罪的可能性。

大腦結構變異、嚴重生理傷害、心理創傷是負面因應行為及偏差行為的促發力量，而保護性因素是負面因應行為及偏差行為的抑制力量，此兩

股力量會互相拔河。雖然有一些傷害與偏差之潛在力量，但是如果保護性因素的介入夠即時、夠強大，則受虐兒少不至於變壞。本章隨後將對保護性因素進一步闡釋。

第三節　兒少目睹家暴的偏差學習

有研究指出，家庭暴力的施暴者（含兒少虐待施虐者或加害人）大多數曾有親身遭受家庭暴力或目睹家庭暴力的經驗（Straus, 1991）；許多女性受暴者在其童年有親身受虐或目睹家庭暴力的經驗。Kincaid（1982）調查社區中受暴婦女（未被安置於庇護中心），也發現有 1/3 的社區樣本受暴婦女承認自己童年曾經目睹家庭暴力（轉引自 Jaffe, Wolfe, & Wilson, 1990）。個人認為，目睹家庭暴力是另類的兒少被虐待，因為對目睹兒少造成之傷害不下於他們親身受暴。我國〈兒童及少年福利法〉（見附錄二）第四十三條規定，兒童及少年有第三十條或第三十六條第一項各款情事，或屬目睹家庭暴力之兒童及少年，經直轄市、縣（市）主管機關列為保護個案者，該主管機關應提出兒童及少年家庭處遇計畫。可見，目睹家庭暴力兒童少年之保護與防治與兒少受虐之救援與防治同樣重要，不過需要有人舉發並經直轄市、縣（市）主管機關將其列為保護個案。

根據社會學習理論（Bandura, 1973），人類的行為是經由觀察他人行為及模仿他人行為而獲得，特別是兒童及少年，他們正處於學習能力最強盛及行為模式塑造期，生活環境裡的重要人士之行為對他們的影響最為深遠，兒少的行為問題只是反應其家庭失功能的徵兆（曾端真，2000）。兒少的重要人士首推其父母親或照顧者，其次則為其手足與近親，以及大眾傳播媒體的內容；在少年時期同儕的重要性與影響力急速竄升。

家庭中的病態因子（例如暴力行為、失控的情緒表現及偏差的衝突解決模式），常從家人間的互動學習（尤其是父母親對孩子及夫妻之間互動行為）傳遞給青少年與兒童，尤其是暴力行為的學習、以暴力手段去處理人際間的糾紛或衝突，與使用暴力去對待親密的家人，這些都是家內暴力

或虐待式的家人互動模式。從社會學習理論來看，該理論的學者認為暴力行為和其他行為一樣，是經由學習的方式得來，而觀察模仿是一個很重要的學習歷程（Bandura, 1973），暴力行為乃是示範學習的結果。Mathew（1995）的研究也強調攻擊是學習而來的行為，主要是家庭互動的結果。Bandura 和 Walters（1963）的研究也支持，兒童的行為（尤其是暴力行為）乃是直接觀察或模仿父母親或同儕的行為而形成。學者侯崇文（2001）以 107 位犯罪少年為研究對象，同樣發現家庭關係之互動對於青少年偏差行為之影響非常深遠。

　　犯罪社會學過程理論之差異接觸理論（theory of differential association）（Sutherland & Cressey, 1978）亦認為，犯罪少年之偏差行為是人際學習而來的，是在與人溝通的過程中與他人互動學習而得，其學習主要是來自親密的人際團體，而不是經由大眾傳播媒體。因此，以此觀點來看，在暴力家庭或虐待家庭中成長的兒童少年，容易學習到以暴力或其他虐待式的方法來解決衝突或獲得自己想要的結果，同時也可能將暴力或攻擊等虐待行為視為理所當然（Seydlitz & Jenkins, 1998）。

　　例如，兒童及少年可能在家庭學會揮拳攻擊一個與自己意見不同、正在相互爭執叫囂的家人或同儕，讓他們害怕、屈服於自己的力量，以獲得場面的控制及「贏」（凌駕他人）的感覺。他（她）們可能學到如何以挑釁的語言及讓他人難堪的方式去口語攻擊，咒罵、挖苦、消遣、貶抑對方，去發洩心中的不快。他（她）們可能看到家中的男性以羞辱或貶抑的行為及語言去對待家中的女性，男孩會覺得只要是男孩子就可以對女孩子的身體和尊嚴加以冒犯，以便維繫自己的性別優勢，佔盡了便宜，他們也會覺得男人「修理」不聽話的女人是天經地義的事（Milner & Crouch, 1999）；而女孩可能因為從小常目睹家中的男性尊長對女性的羞辱、貶抑或攻擊的行為，習慣女性要聽話順從的家庭互動模式，不敢跟男性有太多爭執，導致其在日後的兩性互動或家庭生活中成為一位依賴男性的女人，缺乏情緒與人格的獨立性，缺乏掌握自己命運的自主性，容易成為婚姻暴力的受虐者（Milner & Crouch, 1999; Walker, 2000）。甚至部分目睹家庭暴力的女性少年會有認知扭曲，誤以為家庭中親密伴侶或家人對自己的身

體攻擊、性攻擊、咒罵、挖苦、消遣、貶抑，也是一種愛的表現，使得她們陷入更深的泥沼與危機，使得自己受虐變成每一天的家庭生活常態，一旦受虐、受暴成為生活常態的一部分，她們要跳脫受暴的命運就較不容易，似乎罹患了「被毆婦女症候群」（battered woman syndrome）（Walker, 2000）。總而言之，目睹家暴的男孩日後可能成為家暴的施虐者，而目睹家暴的女孩，則可能於結婚後成為婚暴的受害者。不管自己施暴於他人或受暴於他人，這兩類的成人都是對自己的孩子施加虐待的高危險群，複製上一代家暴的惡性循環（Gelles, 1999）。

第四節　缺乏愛人及自愛的能力

由於施虐或家暴家庭經常未能提供孩子完整且適當的角色楷模，使得他（她）們在人際互動能力的培養與學習發生障礙，孩子在處人及自處方面常遭遇困難。他（她）們經常不知道如何去關心別人、愛護別人，如何去珍視及感恩別人對他（她）們的關愛及付出，也較不懂得如何去愛護自己、保護自己。

在家庭中遭受性虐待的孩子，可能在與外界的人際互動中習慣於以性去和他人建立關係，或賺取物質或金錢的利益。個人曾經研究從事性交易少女之家庭生活經驗，發現從事性交易少女在童年曾遭受家暴及虐待的比例高達 7 成，曾經被性侵害的高達 3 成，其中有部分是在家庭裡遭受性虐待（鄭瑞隆，1997）。遭受性侵害或性虐待的少女，不論是否在家內或家外，都可能嚴重地傷害其自我概念及自我價值，使她們產生悲憤羞愧、沒安全感、失去信任感、焦慮不安、怪罪自己、想要報復、一片茫然等心理感受。她們常會覺得自己失去貞潔與完整性，產生自暴自棄或厭惡自己的行為結果（Johnson & Sigler, 1997）。在她們對自己的身體價值感低落的前提下，當生活所需無法滿足或有人願意主動示好，她們常以身體及性作為交換，建立人際關係或獲得報酬，這類的少女又稱為罹患「缺愛症候群」的少女（鄭瑞隆，2002；2004b），經常對於外界具有不良企圖的愛

缺乏免疫力，容易因為他人對他的虛情假愛奉獻一切，或被人以愛為誘餌欺騙感情。從小缺乏被愛經驗的少女比較難以理解什麼是真正的愛，什麼是假愛或具有不良企圖的愛，因此，缺乏愛自己與保護自己的能力；同時她們也不清楚如何去愛一個人，常以獨佔、犧牲自己或玉石俱焚等較極端的方式去處理愛情或決裂關係，因此，她們本身及親密者之間常有重大糾紛、常會互相傷害。

遭受身體虐待及精神虐待的兒童與少年，由於常遭到父母或照顧者的嚴酷苛刻對待或羞辱貶抑，他們也可能形成冷漠、殘酷、無情、無法同理他人傷痛或處境的性格，可能在人際互動中表現出對他人的權益或傷痛漠不關心，甚至以殘酷無情或嗜血的方式對待他人、傷害他人也不會感受到不安與歉疚，這些特徵與「反社會人格異常」（anti-social personality disorder; ASP）或「病態人格違常」者（psychopathological disorder）之特徵有相當類同之處（Davidson, Neale, & Kring, 2004）。個人對性侵害犯罪人及暴力犯罪人觀察，發現有相當多的性暴力犯及一般暴力犯似乎具有反社會人格異常的病症，他們經常具有非常不愉快的童年，各種被虐待、被傷害、被羞辱的經驗可以從他們的回憶中揭露出來（鄭瑞隆，2002；2004b；Benjamin, 1993）。這些具有病態人格的人為了自己的私利或想望，可能犧牲他人的權益或生命也都覺得無所謂。他們的生活中通常少見有愛的存在，如果他們的生活中還存有一點愛，也是非常狹隘的愛，通常只會去關心與他們最立即親近互動的親人。

第五節　保護性因素的介入：
兒虐與少年偏差之防治

保護性因素的介入對於防治兒少受虐之絕對必要，且會獲得相當正面的長期效果。公共衛生及預防醫學的觀點（陳拱北預防醫學基金會，1997），強調「預防勝於治療、治療勝於復健」的觀念，所以兒童虐待的防治工作應該首重預防，也就是公共衛生的初級預防（primary preven-

tion），讓兒童及少年不會受虐或遭受其他各種形式的不當對待。其次是強調讓受虐的兒童及少年不再受虐，即所謂的次級預防（secondary prevention）。再來，如果受虐兒童及少年本身已經有嚴重的心理健康問題、精神問題或行為偏差問題，則應調整其環境、配合正確的診斷與治療，給予不再惡化之控制，並協助其日漸康復，此即是所謂的三級預防（tertiary prevention）（Wiehe, 1996）。

在兒少虐待初級預防方面，根據我國〈兒童及少年福利法〉第四條，政府及公私立機構、團體應協助兒童及少年之父母或監護人，維護兒童及少年健康，促進其身心健全發展，對於需要保護、救助、輔導、治療、早期療育、身心障礙重建及其他特殊協助之兒童及少年，應提供所需服務及措施。另外，〈兒童及少年福利法〉第十九條也明文指出，直轄市、縣（市）政府應鼓勵、輔導、委託民間或自行辦理下列兒童及少年福利措施：一、建立發展遲緩兒童早期通報系統，並提供早期療育服務。二、辦理兒童托育服務。三、對兒童及少年及其家庭提供諮詢輔導服務。四、對兒童及少年及其父母辦理親職教育。五、對於無力撫育其未滿十二歲之子女或被監護人者，予以家庭生活扶助或醫療補助。六、對於無謀生能力或在學之少年，無扶養義務人或扶養義務人無力維持其生活者，予以生活扶助或醫療補助。七、早產兒、重病兒童及少年與發展遲緩兒童之扶養義務人無力支付醫療費用之補助。八、對於不適宜在家庭內教養或逃家之兒童及少年，提供適當之安置。九、對於無依兒童及少年，予以適當之安置。十、對於未婚懷孕或分娩而遭遇困境之婦嬰，予以適當之安置及協助。十一、提供兒童及少年適當之休閒、娛樂及文化活動。十二、辦理兒童課後照顧服務。十三、其他兒童及少年及其家庭之福利服務。

這些規定與措施對於地方政府具有強制拘束性，目的是要提升父母親或照顧者的親職技術與能力，支持家庭經濟的能力，扶持家庭對兒童少年醫療、教養、管教的能力，適度協助未婚懷孕或分娩而遭遇困境之婦嬰，早期發現遲緩兒並加以早期療育，提供適當的托兒設施與服務，對因經濟或醫藥負擔而陷入困境的家庭提供生活扶助或醫療補助，協助安置不適合在家庭內生活或教養的兒童與少年（Kilpatrick & Holland, 2003）。這些措

施與制度都是要幫助家庭與父母親能更成功地扮演其角色與功能，善待孩子並讓他們獲得適當且必要的照顧。

　　不過，由於政府財政困窘的問題並未好轉，所以對於需要受助的家庭申請及合格條件門檻訂得較嚴格，故得以申請此類協助或能獲得此類協助的家庭不多，甚至有相當多的民眾並不知道我國政府部門有這些支持性的協助資源可以申請，在家庭遭逢各種問題、變故或壓力，並未在第一時間請求援助。再者，在家庭支持性服務的專業社工人力仍然不足，服務傳輸的核心（個案管理）也未真正落實，所以許多受助家庭的問題改善情形並未獲得長期追蹤與監管，此種現象對於預防兒童少年遭受不當對待或虐待是不利的。

　　在次級預防方面，〈兒童及少年福利法〉第五條規定，政府及公私立機構、團體處理兒童及少年相關事務時，應以兒童及少年之最佳利益為優先考量；有關其保護及救助，並應優先處理。兒童及少年之權益受到不法侵害時，政府應予適當之協助及保護。對於兒少權益之侵害以虐待事件為最，權益之維護亦以保護行動最為迫切。因此，〈兒童及少年福利法〉第三十六條指出，兒童及少年有下列各款情形之一，非立即給予保護、安置或為其他處置，其生命、身體或自由有立即之危險或有危險之虞者，直轄市、縣（市）主管機關應予緊急保護、安置或為其他必要之處置：一、兒童及少年未受適當之養育或照顧。二、兒童及少年有立即接受診治之必要，而未就醫者。三、兒童及少年遭遺棄、身心虐待、買賣、質押，被強迫或引誘從事不正當之行為或工作者。〈兒童及少年福利法〉第四十三條指出，兒童及少年若有遭到虐待或不當對待之各種情事，或屬目睹家庭暴力之兒童及少年，經直轄市、縣（市）主管機關列為保護個案者，該主管機關應提出兒童及少年家庭處遇計畫；必要時，得委託兒童及少年福利機構或團體辦理。前項處遇計畫得包括家庭功能評估、兒童少年安全與安置評估、親職教育、心理輔導、精神治療、戒癮治療或其他與維護兒童及少年或其他家庭正常功能有關之扶助及福利服務方案。

　　我國的法律很清楚的指出原則性的規定，直轄市、縣（市）主管機關必須隨時監控有無兒童及少年遭受各種傷害，發現有危機的情形或的確有

兒少受虐之狀況發生，應該劍及履及介入救援、保護、安置、評估、處遇（Kanel, 2003; Kilpatrick & Holland, 2003）。期望公權力及專業的干預與處遇，能夠幫助家庭功能恢復及父母親的行為獲得改善，讓兒童及少年不再受虐。目前各地方政府主管機關對於兒少保護案件都非常重視，也非常積極地介入，在內政部兒童局的指導下，近幾年積極推展「高風險家庭評估處遇」方案，就是一項積極性的作為，只是該方案比較是定位在初級預防，對於已出現施虐行為的家庭，能否真正解除父母親及家庭的危機，不再出現施虐行為，則有待驗證。

在三級預防方面，與少年偏差行為之防治關係最為密切。個人的研究發現及相關文獻都指出，不論是親身受虐的兒童少年或曾經目睹家暴的孩子，他（她）們的身心健康、情緒、自尊、自我價值感、自制力、社會人際互動能力、正向思考能力、愛人及被愛的能力都較差（黃秀香、鄭善明、翁慧圓、張柏晴，2004），行為的偏差程度及犯罪的傾向較高，這些受虐後的身心負面結果與特徵，如果未能獲得充分的專業介入加以治療或輔導，則其異常的身心特質與偏差的行為表現可能會持續伴隨他（她）們，促使他（她）們比較難過正常的生活，在少年時期或青年期就可能開始出現犯罪行為，一輩子生涯中會遭到刑事司法干預的機會相當高。

兒少於受虐或目睹暴力後若未接受專業評估及處遇，其負面身心狀態持續惡化的可能性不低（沈慶鴻，2001）。為了能挽回他（她）們受創的身心，精神醫療、心理治療、心理諮商、社會工作、教育輔導、刑事司法等專業領域必須通力合作，對受虐兒少及其家庭進行「危機干預」（crisis intervention）（Kanel, 2003; Kilpatrick & Holland, 2003），並對已經顯現疑似反社會人格異常或創傷症狀之少年予以早期矯正（Benjamin, 1993; Briere, 1997; Orr & Kaloupek, 1997），以兒童及少年之最佳利益為核心價值，以家庭為問題處理的焦點，以矯正與復健受虐兒少之偏差身心與行為作為主軸，以個別或團體的處遇方式為受虐兒少或目睹兒少進行復健治療（Rose, 1998），方能同時處理好兒童保護與少年偏差防治的重大社會問題。

第六節　結語

　　影響少年偏差行為或犯罪行為的因素甚多，不過，童年時期遭受各種虐待是促成少年日後出現偏差犯行的重要因素，個人之研究也已經加以檢驗。其次，不僅是親身受虐才有身心健康受損與行為偏差之後果，兒少目睹家庭內的暴力事件，特別是父母親之間的相互傷害（婚姻暴力），對兒少的認知觀念、暴力行為學習、心理健康，以及對己與對人之敵意，將有難以抹滅的長遠影響。這些負面的身心特質與行為特徵同時出現在受虐兒少、目睹家暴兒少，以及偏差或犯罪行為少年的身上。從研究資料分析的角度而言，這些問題的背景因素具有明顯的共線性；而從實務上而言，受虐兒少與偏差行為少年經常出自於相同的家庭背景，被相同特質與相似施虐行為的父母親或照顧者撫養長大，自童年起曾遭受相類似的不當對待及虐待。從家庭病理的角度觀之，具有相似病理現象的家庭正在對兒少施加虐待，也在為未來的社會製造偏差行為或犯罪少年。這些受虐兒少與偏差行為少年之處境，以及對他（她）們深具敵意與傷害性的家庭環境，值得關心人權、人道與國家社會未來前途的人士多加瞭解、介入與協助。

參考資料

法務部（2006）。**中華民國 94 年犯罪狀況及其分析**。台北：法務部印行。

沈慶鴻（2001）。由代間傳遞的觀點探索婚姻暴力對目睹兒童的影響。**中華心理衛生學刊，14**(2)，65-86。

周震歐、簡茂發、葉重新、高金桂（1982）。**台灣地區男性少年犯罪與親職病理的研究**。台北：桂冠圖書公司。

周震歐（1989）。兒童虐待、忽視與少年犯罪。**研考月刊，148**，15-22。

侯崇文（2001）。家庭結構、家庭關係與青少年偏差行為探討。**應用心理研究，11**，25-44。

陳拱北預防醫學基金會（1997）。**公共衛生學**。台北：陳拱北預防醫學基金會編。

黃秀香、鄭善明、翁慧圓、張柏晴（2004）。**青少年復原與社會工作**。台北：洪葉出版公司。

曾端真（2000）。**兒童行為的評估與輔導**。台北：天馬文化事業公司。

楊士隆（2006）。**犯罪心理學**。台北：五南圖書公司。

蔡德輝、楊士隆（2006）。**犯罪學（增訂四版）**。台北：五南圖書公司。

鄭瑞隆（1997）。少女從娼原因與防治策略之研究。**犯罪學期刊，3**，85-120。

鄭瑞隆（2002）。青少年暴力犯罪之成因：家庭因素。載於蔡德輝、楊士隆（主編），**青少年暴力行為：原因、類型與對策**（頁 93-118）。台北：五南圖書公司。

鄭瑞隆（2004a）。暴力犯罪之家庭因素。載於楊士隆（主編），**暴力犯罪：原因、類型與對策**（頁 73-96）。台北：五南圖書公司。

鄭瑞隆（2004b）。**親密暴力：成因、後果與防治**。嘉義：蜂鳥出版。

潘震澤譯（2002）。受虐兒的腦傷害永難平復。**科學人雜誌，3**，90-93。

American Psychiatric Association. (2000). *Diagnostic and statistical manual of mental disorders: DSM-IV-TR* (4ᵗʰ ed). Arlington, VA: APA.

Bandura, A. (1973). *Aggression: A social learning analysis*. Englewood Cliffs, NJ: Prentice Hall.

Bandura, A., & Walters, R. (1963). *Adolescent aggression*. NY: Ronald Press.

Bartol, C. R. (1995). *Criminal behavior: A psychosocial approach* (4ᵗʰ ed.). Englewood Cliffs: NJ: Prentice Hall.

Benjamin, L. S. (1993). *Interpersonal diagnosis and treatment of personality disorders*. NY: The Guilford Press.

Boss, P. (1988). *Family stress management*. Newbury Park, CA: Sage.

Briere, J. (1997). Psychological assessment of child abuse effects in adults. In J. P. Wilson & T. M. Keane (Eds.), *Assessing psychological trauma and PTSD* (pp. 43-68). NY: The Guilford Press.

Cheng, J.-L. (2004). *Family pathology and 'Lack-of-Love Syndrome' among adolescent sex traders*. Paper presented at the First Key Issues Conference of the Society of Criminology. May 13-15, 2004. Paris

Davidson, G. C., Neale, J. M., & Kring, A. M. (2004). *Abnormal psychology* (9ᵗʰ ed.). Hoboken, NJ: John Wiley & Sons, Inc.

Dusek, J. B. (1996). *Adolescent development & behavior* (3ʳᵈ ed.). Upper Saddle River, NJ: Prentice Hall.

Gelles, R. J. (1999). Family violence. In R. L. Hampton (Ed.), *Family violence: Prevention and treatment* (2ⁿᵈ ed.) (pp. 1-32). Thousand Oaks, CA: Sage.

Gelles, R. J. (1999). Family violence. In R. L. Hampton (Ed.), *Family violence: Prevention and treatment* (2ⁿᵈ ed.) (pp. 1-32). Thousand Oaks, CA: Sage.

Jaffe, P. G., Wolfe, D. A., & Wilson, S. K. (1990). *Children of battered women*. Newbury Park, CA: Sage.

Johnson, I. M., & Sigler, R. T. (1997). *Forced sexual intercourse in intimate relationships*. Aldershot, DM: Ashgate.

Kanel, K. (2003). *A guide to crisis intervention* (2ⁿᵈ ed.). Australia: Brooks & Cole.

兒童虐待與少年偏差的共線性：對防治的啟示

Kilpatrick, A. C., & Holland, T. P. (2003). *Working with families: An integrative model by level of need* (3rd ed.). Boston: Allyn and Bacon.

Klein, D. M., & White, J. M. (1996). *Family theories: An introduction*. Thousand Oaks, CA: Sage.

Mathew, D. (1995). Parenting groups for men who batter. In E. Peled, P. Jaffe, & J. Edleson (Eds.), *Ending the cycle of violence: Community responses to children of battered women*. Thousand Oaks, CA: Sage.

Maxfield, M. G., & Babbie, E. (2005). *Research methods for criminal justice and criminology* (4th ed.). Australia: Thomson & Wadsworth.

Mifflin , H. (1991). *The American heritage dictionary*. Boston: Houghton Mifflin Company.

Milner, J. S., & Crouch, J. L. (1999). Child physical abuse: Theory and research. In R. L. Hampton (Ed.), *Family violence: Prevention and treatment* (2nd ed.) (pp. 33-65). Thousand Oaks, CA: Sage.

Orr, S. P., & Kaloupek, D. G. (1997). Psychological assessment of posttraumatic stress disorder. In J. P. Wilson & T. M. Keane (Eds.), A*ssessing psychological trauma and PTSD* (pp. 69-97). NY: The Guilford Press.

Rose, S. R. (1998). *Group work with children and adolescents: Prevention and intervention in school and community systems*. Thousand Oaks, CA: Sage.

Seydlitz, R., & Jenkins, P. (1998). The influence of families, friends, schools, and community on delinquent behavior. In T. P. Gullotta, G. R. Adams, & R. Montemayor (Eds.), *Delinquent violent youth: Theory and interventions* (pp. 53-97). Thousand Oaks, CA: Sage.

Strasburger, V. C. (1995). *Adolescents and the media: Medical and psychological impact*. Thousand Oaks, CA: Sage.

Straus, M. A. (1991). *Children as witness to marital violence: A risk factor for life long problems among a nationally representative sample of American men and women*. (ERIC Document Reproduction Service No. ED 336713)

Sutherland, E. H., & Cressey, D. R. (1978). *Criminology* (10th ed.). Philadelphia: J. B. Lippincott.

Sutherland, E. H., & Cressey, D. R. (1978). *Criminology* (10th ed.). Philadel-
　　phia: J. B. Lippincott.

Walker, L. E. A. (2000). *The battered woman syndrome* (2nd ed.). NY: Springer
　　Publishing Company.

Wiehe, V. R. (1996). *Working with child abuse and neglect: A primer*. Thousand
　　Oaks, CA: Sage.

兒童虐待與少年偏差

——

問題與防治

附　錄

1

兒童權利公約（兒童人權公約）

摘自內政部兒童局網站（http://www.cbi.gov.tw/chinese_version/兒童權利公約）

前言

本公約之簽約國遵照聯合國憲章所揭示之原則，認為承認所有人類社會成員所擁有的固有尊嚴與平等之不可剝奪的權利，才能鞏固世界的自由、正義與和平之基礎。

考慮聯合國各國國民再度確信在聯合國憲章之下，確保基本人權和人類尊嚴與價值之信心，以及在更大的自由中，促進社會進步與提高生活水準的決心。

同意承認聯合國在世界人權宣言和國際人權規約中所揭示，無論任何人不分種族、膚色、性別、語言、宗教、政治或其他信念，國民或社會背景，財產、出生或其他地位之差別，均享有上述宣言與規約所揭示之所有權利與自由。

強調聯合國在世界人權宣言中，宣稱兒童有權接受特別養護與協助的宣言。

確信家庭為社會之基本團體，是所有成員特別是兒童成長與福祉之自然環境，故應獲得必要之保護與協助，才能使其在社區中充分擔當其責

任。

承認兒童應在家庭環境中，在幸福、愛情以及瞭解之氣氛中成長，才能使其人格得到充分和諧之發展。

考慮兒童應受到充分之訓練，使其能在社會中過其個人獨立生活。並應在聯合國憲章所揭示之理想精神，特別是在和平、尊嚴、寬容、自由、平等以及團隊精神之下獲得培育成長。

要留意擴充兒童特別養護工作之必要性。因為這是一九二四年有關兒童權利之日內瓦宣言，以及一九五九年聯合國所制訂之兒童權利宣言 所強調，也是世界人權宣言，有關市民和政治權利之國際規約（特別是第二十三條以及第二十四條），有關經濟、社會與文化權利之國際規則（特別是第十條），以及有關兒童福祉之專門機構和國際機構之各種規程和相關文書所認同。

要留意聯合國會員大會在一九五九年十一月二十日所制訂有關兒童權利宣言所揭示「兒童之身體和精神都在未成熟狀態，因此在其出生前後應獲得包括適當之法律等特別保護與養護條文。並應留意有關兒童保護與福祉之社會與法律原則之宣言條款（特別是關於養父母以及國內與國際收養制度），與聯合國有關少年受審司法最低標準規則（北京規則），以及有關緊急狀態與武力紛爭中保護女子與兒童宣言之各條款。

在充分考慮保護兒童使其身心獲得均衡發展，並強調各國國民傳統與文化價值之重要前提下，一致認為要改善所有國家，尤其是開發中國家兒童之生活狀況，必須認識國際合作之重要性，因此同意訂定下列協定條款。

第一章

第一條（兒童之定義）

本公約所稱之「兒童」，係指所有未滿十八歲以下之人。然而適用於兒童之法律中，規定在十八歲以前就成為成年者不在此限。

第二條（禁止差別待遇）

一、簽約國不得因兒童本人或其父母或法定監護人之種族、膚色、性

別、語言、宗教、政治或其他主張、國籍、出身、財富、殘障、出生或其他地位之不同而有所歧視。應尊重並確保其轄區內每一兒童在本公約中所揭櫫之權利。

二、簽約國應採取一切適當措施，確保兒童免於因父母、法定監護人或家族成員之地位、行為、主張或信念之關係而遭受各種差別待遇或處罰。

第三條（兒童的最佳利益）

一、所有關係兒童之事務，無論是否由公私社會福利機構、法院、行政當局或立法機關所主持，均應以兒童之最佳利益為優先考慮。

二、簽約國應考慮兒童之父母、法定監護人或其他依法對兒童負有責任之個人所應有之權利與義務，確保兒童之福祉與必要之保護與照顧，並以適當之立法和行政措施達成此目的。

三、簽約國應對負責照顧與保護兒童之機構、服務部門與設施，特別在安全與保健方面，以及該等機關內之工作人數與資格是否合適，且是否合乎有權監督機構所訂之標準，作嚴格之要求。

第四條（權利的實施）

簽約國應採取所有適當的立法、行政及其他措施，實現本公約所認定的各項權利。關於經濟、社會以及文化的權利方面，簽約國應利用其本國最大可用之資源，於必要時可以在國際合作組織體制下，採取各項措施。

第五條（父母及其他人員的指導）

簽約國應尊重兒童之父母，或依其情節，因地方習俗所衍生的家屬或共同生活成員、其法定監護人或其他依法對其負責之人，以適合兒童身心發展的方式，對正確指導兒童行使本公約所承認的權利時所應有的責任、權利與義務。

第六條（生存和發展）

一、簽約國承認兒童與生俱有之生存權利。

二、簽約國應盡最大可能確保兒童的生存與發展。

第七條（姓名與國籍）

一、兒童於出生後應立即被登記，兒童出生時就應有取得姓名以及國籍的權利。在可能的範圍內有知其父母並受父母照顧等權利。

二、當兒童無法取得其他國家國籍時，簽約國應根據其國家法令及其在相關的國際文件上所負的義務，讓兒童的前項權利確實實現。

第八條（身分的保障）

一、簽約國應尊重兒童的權利，以保障其國籍、姓名與親屬關係等等依法所享有的個人身分不受非法侵害。

二、簽約國於兒童之任何個人權利受不法侵害時，應給予適當之協助與保護，俾迅速恢復其身分。

第九條（禁止與雙親分離）

一、簽約國得違反父母之意思，保護兒童不與其父母分離；但當局若經法院審查後循合法程序裁定兒童與其父母分離對該兒童為有利者，不在此限。兒童受父母虐待、遺棄或在父母離異時，該項裁決尤有其必要，此時，該兒童之住所應一併裁定。

二、根據前項為法律訴訟時，各關係人均得出席並申訴意見。

三、簽約國應尊重與父母任何一方或雙方分離時的兒童權利，使其能定期與父母直接接觸並保持私人關係；但因此違背該兒童之最佳利益者，不在此限。

四、當分離係肇因於父母一方或雙方或兒童受扣押、監禁、放逐、驅逐出境或死亡（包括任何原因造成簽約國看管下之人的死亡）時，該簽約國受有請求時，應在不損害該兒童福祉的情況下，給予該父母、兒童或視其情節，給予其他家屬有關失蹤家屬下落的消息。惟簽約國應確保任何關係人不因該請求而蒙受不利。

第十條（家族的團聚）

一、兒童或其父母為團聚而請求進入或離開簽約國時，簽約國應遵照第九條第一項規定之義務以積極、人道與通融的方式處理之。簽約國並應確保請求人或其家屬不因該請求而蒙受不利。

二、父母分住於不同國家之兒童，除情況特殊者外，有權與其父母定期

直接接觸保持私人關係。簽約國應遵照第九條第二項規定之義務，尊重兒童及其父母得離開任何國家，包括進出自己國家的權利。而出國之權利除依法且不違背公約所承認之其他權利，並為保障國家安全、公共秩序、公共衛生與道德以及他人之權利與自由者外，不得加以限制。

第十一條（非法移送國外及非法不送還）

一、簽約國應採取遏止非法移送兒童至國外或令其無法回國等情事之發生。

二、簽約國應致力締結雙邊或多邊條約或參加現有的協約以達成前項遏止之目的。

第十二條（兒童的意見）

一、簽約國應使有意思能力之兒童就與其自身有關事務有自由表意之權利，其所表示之意思應依其年齡大小與成熟程度予以權衡。

二、據此，應特別給予兒童在對自己有影響之司法和行政訴訟中，能夠依照國家法律之程序規則，由其本人直接或透過代表或適當之團體，表達意見之機會。

第十三條（表現的自由）

一、兒童應有自由表意之權利，該權利應包括以言辭、書寫或印刷、藝術形態或透過兒童自己決定的媒介，不受國境限制地尋取、接受、傳達任何資訊與意思。

二、該項權利之行使仍應受法律規定與需要之限制。其限制僅在於達到下列目的所需要者為限。

㈠為尊重他人之權利與名譽。

㈡為保障國家安全或公共秩序或公共衛生與道德。

第十四條（思想、良知及信仰的自由）

一、簽約國應尊重兒童思想、良知與宗教的自由權利。

二、簽約國應尊重父母與依其情節之法定代理人以不影響兒童身心發展的方式，指導兒童行使權利時所應負的權利與義務。

三、個人宣示其宗教與信仰的自由，僅受法律所規定者與保障公共安

全、秩序、衛生或道德，或他人基本權利與自由所必需之限制。

第十五條（集會、結社的自由）

一、簽約國承認兒童有結社與和平集會之自由。

二、除依法在民主社會中為國家安全或為保障公共安全、社會秩序、公
共衛生或道德或他人之權益與自由者外，不得對該等權益之行使予
以限制。

第十六條（保護隱私權）

一、兒童之隱私、家庭、住家或信函不可恣意或非法干預，其信用與名
譽亦不可受到非法侵害。

二、兒童對此等干預或侵害有依法受保障的權利。

第十七條（適當資訊的利用）

簽約國承認大眾傳播有其重要功能，故應保證兒童可自國家或國際各方
面獲得資訊，尤其是為提升社會、精神與道德福祉與身心健康方面的資
訊。為此簽約國應：

一、要鼓勵有益兒童發展之社會與文化，與實現第二十九條主旨之資訊
與資料等大眾傳播媒體能夠普及。

二、鼓勵來自文化、國家、國際各方面有關此等資訊的編製、交換與傳
播的國際合作。

三、鼓勵兒童書籍之出版與普及。

四、鼓勵大眾傳播對少數民族或原住民兒童語言上的需要予以特別關
注。

五、注意第十三條及第十八條之規定，鼓勵發展保護兒童使其不受有害
兒童福祉之資訊傷害的適當指導方針。

第十八條（父母的責任）

一、簽約國應努力使養育兒童是父母共同責任的原則獲得大家認同。父
母或依其情節之法定監護人應負養育兒童之主要責任。此時，兒童
的最佳利益尤其應該成為他們最關心之事。

二、為保證與提升本公約所揭示之權利，簽約國應給予父母與法定監護
人在擔負養育兒童責任時予以適當之協助，並保證照顧兒童之機

構、設備與部門業務之發展。

三、簽約國應提供一切適當措施保證父母均在工作之兒童，有權享有托
育服務與托育設備之權利。

第十九條（防止遭受虐待及遺棄的保護措施）

一、簽約國應採取一切立法、行政、社會與教育措施防止兒童在其父
母、法定監護人或其他照顧兒童之人照顧時遭受身心脅迫、傷害或
虐待、遺棄或疏忽之對待以及包括性強暴的不當待遇或剝削。

二、該等保護措施，依其情節應包括提供兒童與照顧兒童之人所需要的
各種社會計畫，其他形態的有效防患措施，與上述對待兒童與不當
的事件的發現、報告、參酌、調查、處理與追蹤措施。依其情節應
包括有關司法訴訟的有效協助。

第二十條（保護喪失家庭環境的兒童）

一、兒童暫時或永久喪失家庭環境、或因顧及其本身最大利益無法使其
留於家庭環境時，簽約國應給予特別之保護與協助。

二、簽約國應依其國家法律確實給予該等兒童相同的替代照顧。

三、該照顧應包括安排認養、依回教教義收養或必要時安置其於適當機
構以盡監護兒童之責任。當選擇處理方式時，應考慮養育兒童的工
作能夠持續不斷，以及兒童之種族、宗教、文化和語言背景等，予
以妥切處理。

第二十一條（收養制度）

承認或允許收養制度的簽約國應保證對兒童的最佳利益給予最大關切，
這些國家應：

一、保證兒童之收養僅得由合法之機關許可。該機關應依據可適用之法
律和程序以及所有可靠的有關資訊，並考慮與父母、親戚與法定監
護人有密切關係之兒童狀況，設定養子關係。必要時，關係人得依
據必要的輔導過程，經過充分瞭解後，同意該收養關係。

二、在無法為兒童安排收養家庭，或無法在祖國給予適當照顧時，承認
國家間的收養為照顧兒童的另一種方式。

三、保證國家間所收養的兒童，享有與在國內被收養的兒童相同水準的

保障與待遇。

四、採取一切措施保證在國家間的收養安排，不會造成任何關係人取得不當財務利益。

五、依其情況，可藉由雙邊或多邊協議或契約的締結促使本條款的目標得以實現，並在此種體制下，使寄養在其他國家的兒童得以由合法的機關安排收養。

第二十二條（難民兒童）

一、簽約國應採取一切措施保證尋求難民身分，或依可得適用之國際或國內法律或程序被認為難民的兒童，不論是否與其父母或其他人隨行，在享有本公約及該簽約國所參加的其他國際人權公約或人道文契中所揭示的相當權利時，獲得適當的保護與人道協助。

二、為此，簽約國應在其認為適當的情形下，配合聯合國及其他合法政府間或與聯合國有合作關係的機構共同努力保護並協助兒童。此外，並應為難民兒童尋找其父母或其他家人使其得以團圓。如無法找尋其父母或其他家屬時，則應給予該兒童與本公約所揭示之永久或暫時喪失家庭環境兒童相同之保護。

第二十三條（殘障兒童的福利）

一、簽約國承認身心殘障兒童，應在確保其尊嚴，促進自立與積極參加社區生活之環境下，享受充分適宜之生活。

二、簽約國承認殘障兒童有受特別照顧之權利，並應獎勵在可能利用之資源範圍內，針對有資格接受資助之兒童，以及負有養育兒童責任者所申請之援助，給予適合其狀況之協助。

三、要承認殘障兒童之特別照顧，並依據第二項中規定之協助項目，在考慮父母或其他照顧兒童人士之財力情況下，盡可能給予完全免費之服務。其協助應以保障殘障者能夠全面參加社會活動，並有效利用教育、訓練、保健服務、復健服務、職業訓練以及休閒機會，以達成個人在文化與精神上之發展為原則。

四、簽約國必須遵照國際合作之精神，針對殘障兒童之預防保健，以及醫學上、心理學上和功能之治療等領域有關資訊。作適當之交換。

其中應包括簽約國為提升殘障兒童之能力與技術，擴大其經驗所需要之復健教育以及就業服務有關資訊之普及。對開發中國家之需要，尤其應特別加以考慮。

第二十四條（醫療和保健服務）

一、簽約國承認兒童享有最高水準之健康醫療服務，並獲得治療疾病以及恢復健康之權利。簽約國要保證所有兒童利用保健服務之權利不會遭到剝奪。

二、簽約國為促使這些權利完全實現，應特別針對左列事項採取適當之措施：

㈠降低嬰兒與兒童之死亡率。

㈡把重點放在基本衛生照顧上，並保證提供所有兒童所必需之醫療協助和保健服務。

㈢隨時注意環境污染之危險性，並在基本衛生照顧之體系下，特別利用可能之技術，提供兒童具有充分營養價值之食物，和乾淨之飲用水，藉以防止疾病與營養不良之情事發生。

㈣保證母親獲得產前產後之適當保健服務。

㈤提供所有社會成員，尤其是父母和兒童，有關兒童健康和營養；母乳營養之好處保健衛生和環境衛生；以及防止意外事故之基本知識。除施行有關之教育外，並協助利用有關之資訊。

㈥發展預防保健以及對父母之指導和家庭計畫之教育等服務。

三、簽約國應採取一切有效之適當措施，革除對兒童健康有害之傳統習慣。

四、簽約國為使本條文所認定之權利能夠逐漸達成，要鼓勵並促進國際合作。尤其應特別考慮開發中國家之需要。

第二十五條（收容兒童的定期審查）

簽約國承認兒童為身體或精神的養護、保護或治療為目的，被有權限之機構收容時，對其所受之待遇，以及收容有關之其他一切情況，有要求定期審查的權利。

第二十六條（社會保障）

一、簽約國應承認所有兒童有接受包括社會保險之社會保障給付之權利。並應採取必要措施，使其權利能夠依據國內法之規定完全達成。

二、該項給付應依其情節，並考慮兒童以及負有扶養兒童責任者之財力狀況，或兒童本人與代替兒童申請給付時有關之其他狀況，作為決定給付之參考。

第二十七條（生活水準）

一、簽約國應承認所有兒童有為其身體、精神、道德以及社會之正常發展，獲得相當水準之生活之權利。

二、父母或其他對兒童負有責任者，應在其能力與財力許可範圍內，保證兒童成長發展所必需之生活條件。

三、簽約國應依照國內之條件，在財力許可範圍內，支援父母以及其他對兒童負有責任者，完成此項責任時所必需之適當措施。必要時，特別對營養、衣服以及住所，提供必要之物質援助與支援措施。

四、簽約國為使父母以及其他對兒童負有財務責任者償還兒童之養育費，不管其居住在國內或國外，應採取一切適當之措施。對兒童負有財務責任者居住在與兒童不同國家時，簽約國尤需要透過參加並締結國際協定，或訂定其他適當之協議，使其償還養育費。

第二十八條（教育）

一、簽約國承認兒童有接受教育之權利，為使此項權利能夠在平等之機會下逐漸實現，特別要實現下列事項：

(一)實施初等教育義務化政策，使所有人均能免費接受初等教育。

(二)鼓勵各種形態之中等教育，包括普通教育與職業教育，使所有兒童均能進入就讀。並應試辦免費教育，必要時得以採取財力上之協助等適當措施。

(三)要採取所有適當措施，使高等教育能夠依照各人之能力，成為每個人均能利用之教育機構。

(四)使每個兒童均能利用教育與職業上之資訊和輔導。

(五)採取獎勵措施，提高到校定期上課之出席率，並降低中途輟學比

率。

二、簽約國應採取一切措施，保證學校校規之內容與兒童人權尊嚴不相
違背，並保證遵照此條約之規定執行。

三、簽約國應關心教育問題，尤其應對消除全世界無知與文盲有所貢
獻。此外，為使科學技術、知識及最新教育方法得以普及使用，要
獎勵並促進國際間之合作。關於這個問題，特別應考慮開發中國家
之需要。

第二十九條（教育目的）

一、簽約國同意下列兒童教育之目標：

㈠使兒童之人格、才能以及精神、身體之潛能獲得最大極限之發展。

㈡發展尊重人權、基本自由以及聯合國憲章所揭櫫各種原則之理念。

㈢培養對兒童之父母、兒童本身文化之同一性，語言口與價值，以及
兒童所居住之國家和其出生國之國民價值觀，還有對與自己之文明
迥異之其他文明，持有尊重之觀念。

㈣培養兒童能夠以理解、和平、寬容、兩性平等，以及所有人民種
族、國民以及宗教團體。或原住民之間友好共處之精神，使兒童得
以在自由之社會中，過負責任之生活。

㈤發展兒童尊重自然環境之觀念。

二、本條與第二十八條之所有規定，必須完全遵守本條1所規定之原
則：在各教育機構所施行之教育，也必須適合國家所規定之最低標
準。上述規定不應被解釋為妨礙個人以及團體設置管理教育機構自
由之行為。

第三十條（少數民族與原住民兒童）

在種族、宗教或語言上有少數人民，或有原住民之國家中，這些屬於少
數民族或原住民之兒童，應該和構成此團體之其他成員一樣，得以享有
自己之文化，信仰並實踐自己之宗教，使用自己之語言。此種權利絕不
能被否定。

第三十一條（休閒、娛樂及文化活動）

一、簽約國承認兒童擁有休閒及餘暇之權利；有從事適合其年齡之遊戲

和娛樂活動之權利，以及自由參加文化生活與藝術之權利。

二、簽約國應尊重、促進兒童全力參與文化與藝術生活之權利，並應鼓勵提供適當之文化、藝術、娛樂以及休閒活動之平等機會。

第三十二條（保護兒童免受經濟剝削）

一、簽約國承認兒童有免受經濟剝削之權利，和避免從事妨礙其接受教育機會，或對兒童健康與身體上、心理上、精神上、道德上與社會發展上有害之勞動之權利。

二、簽約國為確實保證本條文之實施，應採取立法、行政、社會和教育措施。因此，簽約國應參照其他國際文件中之有關條款，並特別從事下列工作：

㈠規定單一或兩個以上之最低就業年齡。

㈡訂定有關工作時間和工作條件之適當規則。

㈢為保證本條款之有效實施，要規定適當罰則和其他制裁方法。

第三十三條（保護兒童不受麻醉藥品和精神擾亂劑之危害）

簽約國應採取一切包括立法、行政、社會以及教育之適當措施，保護兒童不受有關國際條約所訂定之麻醉藥品和精神擾亂劑之侵害，並防止利用兒童從事非法製造與買賣這些物質。

第三十四條（保護避免受到性剝削）

簽約國保證要保護兒童不受任何形態的性剝削和性迫害。因此簽約國應採取包括國內、兩國之間，或多國之間之適當措施，防止下列事情發生：

一、引誘或強迫兒童從事非法之性行為。

二、剝削並利用兒童從事賣淫或其他違法之性工作。

三、剝削並利用兒童從事色情表演或作為色情之題材。

第三十五條（防止誘拐 買賣、交易）

簽約國應採取一切適當之國內、兩國間或多國之間之措施，防止兒童受到任何方式或任何目的之誘拐、買賣或交易活動。

第三十六條（避免其他各種形式之剝削）

簽約國應保護兒童使其免受有害其福祉之各種形式之剝削。

第三十七條（禁止刑求及剝奪自由）

簽約國應保證：

一、所有兒童均不受刑訊或殘忍、不人道，或有損兒童品格之處置或刑罰。也不得對十八歲以下之罪犯科以死刑，或不可能獲得釋放之無期徒刑。

二、所有兒童均不受非法或用恣意之方法剝奪他們之自由。

三、對喪失自由之兒童，除應以人道和尊重其人性尊嚴對待外，並應考慮其年齡之需要作適當之處理。對喪失自由之兒童，除非認為喪失自由之兒童與成年人相處較為有利，否則應與成年人隔離。又除非有例外之事情發生，兒童應該擁有與家人通信、見面與接觸之權利。

四、所有被剝奪自由之兒童，有迅速受到法律以及其他適當協助之權利，並有權就其自由被剝奪之合法性，在法院或其他具有權限之獨立、公平機構提出抗辯，並要求作迅速之判決。

第三十八條（從武力紛爭中獲得保障）

一、簽約國在發生武力紛爭時，應該尊重適用於本國有關國際人道法之規定，並應保證確實會尊重這些規定。

二、簽約國應採取一切可行措施，保證十五歲以下之兒童不會直接參加戰鬥行為。

三、簽約國應禁止徵召未滿十五歲之兒童入伍。簽約國在徵召十五歲至未滿十八歲兒童入伍時，應盡量讓年紀較大者優先入伍。

四、簽約國應遵照國際人道法之規定，有義務保護非戰鬥人員，並採取一切可行之措施，保護和照顧受武力紛爭影響之兒童。

第三十九條（身心健康之恢復以及社會重整）

簽約國應採取一切適當措施使遭受任何形式之疏忽、剝削或虐待之兒童；或遭受拷問以及其他各種虐待之不人道對待，或損傷其品格之處置以及遭受刑罰而犧牲之兒童；或遇到武力紛爭而受到波及之兒童，能夠恢復其身體和精神上之健康，並促進其社會重整。此種恢復與重整，需要在能夠培育兒童之健康，自尊心與尊嚴之環境下才能達成。

第四十條（少年司法）

一、簽約國對觸犯刑法而被起訴、問罪，或被認定為有罪的兒童，要承認他有權利要求合乎提升其尊嚴與價值之處置方式。此種方式應考慮能夠加強兒童對他人之人權與基本自由之尊重，並適合兒童年齡之差別，與對兒童之社會重整和促進其擔任建設社會之角色有所貢獻為準。

二、簽約國為達成此目的，應注意有關國際文件之條款，並特別保證下列事項：

　　㈠任何兒童均不得因在他實際行為發生時，國內或國際法並無禁止其行為或不行為為理由，而被認為涉嫌違反刑法，甚至被追訴或被認定有罪。

　　㈡被指控觸犯刑事法而被問罪或被確定有罪之兒童，至少應保證下列各種事項：

　　⑴依據法律證明有罪，否則應認定為無罪。

　　⑵對其被懷疑之事實能夠直接迅速被告知。或在適當情況下經由父母或法定監護人告知本人。在準備自我辯護以及提出抗辯之際，亦應受到法律或其他適當之協助。

　　⑶在依據公正之法律審理，和法律或其他適當協助下，並經特別考慮兒童之年齡與其狀況，認為會損及其最佳利益者外，要在兒童之父母或法定監護人出席之下，經有權限之獨立、公平機構或司法機關，毫不延遲地作迅速裁決。

　　⑷不得被迫作證或自白。可以對不利於自己之證人提出質問。並可以在平等之條件下，要求對自己有利之證人出席與詢問。

　　⑸被認為觸犯刑法時，對其認定與結果之處置，必須依據法律，並經有權限之較高級獨立、公平機關或司法機關再審理。

　　⑹要讓兒童瞭解審理機關所使用之語言。若為兒童不會使用之約語言時，應提供免費之翻譯。

　　⑺在訴訟之全部過程中，應充分尊重兒童之隱私。

三、簽約國應為觸犯刑法而被起訴、問罪、或被認定為有罪之兒童，特

別設置適用之法律，程序與機構設施。並應特別注意下列事項：

(一)要規定無觸犯刑事能力之最低年齡。

(二)最適當、最好之方法是，要建立使兒童能在充分尊重人權與法律保障之下，不必經由司法程序而作適當處理之途徑。

四、為保證合乎兒童福祉，並以適合兒童之狀況和犯罪之情況作適當之處理，應採取養護、輔導以及監督命令、觀護、認養、教育以及職業訓練計畫，和代替設施內養護等各種措施。

第四十一條（既有利益之確保）

本公約之任何規定，不得影響下列規定中，對兒童權利之實現有更大貢獻之條款規定：

一、簽約國之法令。

二、在簽約國具有效力之國際法。

第二章

第四十二條（公約的宣傳）

簽約國保證以適當積極方法，使成年人和兒童同樣知道本公約之各項原則與條款。

第四十三條（有關兒童權利委員會）

一、為檢討簽約國實現本公約所約定之義務之進展情形，設置有關兒童權利之委員會。委員會並執行規定之各項任務。

二、委員會由十位德高望眾，而且對本公約領域有高度素養之專家所構成。委員會委員由簽約國從簽約國國民中選出，並以個人身分擔任職務。委員之選出應考慮地區之公平分配，以及主要之法律體系作適當之調整。

三、委員會委員，由簽約國就其提名名單中，以不記名投票之方式選出。每一簽約國得自其國民中提名一位候選人。

四、委員會之首次選舉，應於本公約生效後六個月內舉行，以後每兩年舉行一次。聯合國祕書長應於選舉日四個月前以書面通知各簽約國，要求在兩個月內把各國提名名單送齊。再由祕書長依英文字母

順序將所有名單編冊（載明提名之簽約國），遂給各簽約國。

五、委員選舉由聯合國祕書長召集，並在聯合國本部舉行之簽約國會議上舉行。會議需有三分之二以上簽約國出席。並以獲得出席投票最多數且超過半數之候選人為當選之委員。

六、委員會委員之任期為四年。委員如再獲提名，得再連任。不過首次選出之委員中，有五個委員之任期在二年就應終止。這五個委員在首次選舉後，由會議主席以抽籤方式決定。

七、委員會委員死亡或辭職，或由於其他理由無法繼續執行其任務時，提名該委員之簽約國應從其國民中派其他專家，經委員會同意後，就未滿期限繼續任職。

八、委員會應訂定程序規則。

九、委員會應選任職員，其任期為兩年。

十、委員會會議原則上在聯合國總部或委員會決定認為適當之地方舉行。委員會會議通常每年舉行一次。委員會會期由本公約簽約國會議決議後，經由聯合國會員大會承認，必要時得作檢討改變。

十一、為使委員會有效執行本公約所規定之各項任務，聯合國祕書長應提供所需要之人員與設備。

十二、本公約斯設之委員會委員，經由聯合國會員大會之同意，並依據會員大會所決定之條件，從聯合國之資金中獲得酬勞。

第四十四條（簽約國的報告義務）

一、簽約國保證在：

㈠該簽約國公約效力生效之二年內。

㈡其後每五年，要對實現本公約認定之權利所採取之措施，以及享受這些權利所帶來之一些進步情形，經由聯合國祕書長向委員會提出報告。

二、根據本公約所作之報告，如有對本公約之履行義務有某種程度影響之原因與障礙時，應載明這些原因和障礙。報告內容亦應把簽約國執行本公約之情形予以記載，使委員會有充分之資訊作總括的瞭解。

三、向委員會提出總括性最初報告之簽約國，在提出一、2 每五年報告時，無需重述以前所提出之基本資料。

四、委員會得要求簽約國就有關本公約之執行情形，提供進一步之資料。

五、委員會應每二年經由經濟社會理事會，同聯合國會員大會提出有關活動報告。

六、簽約國應使本國之報告，能夠被國內大眾廣泛利用。

第四十五條（委員會的作業方法）

為使本公約有效實施，並鼓勵與本公約相同領域的國際合作，委員會採下列作業方式：

一、在檢討實施兒童權利公約有關之規定時，聯合國專門機構、聯合國兒童基金會以及其他聯合國組織有權選出代表就其權限範圍內事項參與討論。委員會認為適當且必要時，得以向上述專門機構、聯合國兒童基金會以及其他有資格之團體徵求其權限範圍內關於執行本公約之專門性建議。委員會亦得以要求這些專門機構、聯合國兒童基金會以及其他聯合國組織，軌其活動範圍內有關本公約之執行情形提出報告。

二、委員會認為適當且必要時，得請求技術性建議與協助。並將需要協助之簽約國報告，和針對這些要求與問題之委員會意見和提案送交專門機構、聯合國兒童基金會與其他有資格團體。

三、委員會得建議聯合國會員大會，請聯合國祕書長就委員會有關兒童權利之特定事項從事研究。

四、委員會得以依據本公約第四十四條以及第四十五條所得之資料，提案或作一般性建議。這些提案或一般性建議，應送交各有關簽約國。簽約國如有建議事項，要連同其建議事項一併向聯合國會員大會提出報告。

第三章

第四十六條（署名）

　　本公約應公開給各國簽名參加。

第四十七條（批准）

　　本公約經過批准後始生效。批准文件由聯合國秘書長收存。

第四十八條（加入）

　　本公約應公開議各國參加。參加時要將申請文件提交聯合國祕書長收存。

第四十九條（生效）

　　一、本公約於聯合國祕書長收存第二十個國家之批准文件或參加文件後第三十日生效。

　　二、在第二十個批准文件或參加文件收存後獲得批准或參加本公約之國家，須於批准文件或參加文件收存後第三十日始生效。

第五十條（修正）

　　一、簽約國均可提出修正案，或向聯合國祕書長提出修正案。聯合國祕書長應立即將修正案送交各簽約國，針對各簽約國是否對修正案之審議與投票舉行簽約國會議表示意見。在修正案送達後四個月內，如有三分之一以上簽約國同意開會時，祕書長應在聯合國主辦下召集會議。經由簽約國超過半數之出席通過所採用之修正案，應提交聯合國會員大會同意。

　　二、依據本條文１被採用之修正案，應獲得聯合國承認，並獲得三分之二以上多數簽約國接受後始生效。

　　三、修正案生效後，接受修正案之簽約國要受其約束。其他簽約國繼續受修正前之公約之約束。

第五十一條（保留）

　　一、聯合國祕書長應於簽約國獲批准或參加公約時接受保留條款之文件，並將它通知各簽約國。

　　二、與本公約主旨與目標相違背之保留條款不被承認。

三、保留條款得隨時通知聯合國祕書長撤銷，祕書長應將撤銷之事通知各簽約國。該撤銷通知應於祕書長收到當日起生效。

第五十二條（廢棄）

簽約國得以書面通知聯合國祕書長宣告退出公約。其退出於祕書長接獲通知之一年後始生效。

第五十三條（保管）

聯合國祕書長經指派為本公約之保管人。

第五十四條（標準文）

本公約以阿拉伯文、中文、英文、法文、俄文、西班牙文作成標準文本，保存於聯合國祕書處。

兒童權利公約（兒童人權公約）

童虐待與年偏差

兒童虐待與少年偏差

——問題與防治

兒童及少年福利法

中華民國九十二年五月二日
立法院第五屆第三會期第十次會議通過
中華民國九十二年五月二十八日公布

第一章　總則

第　一　條　為促進兒童及少年身心健全發展，保障其權益，增進其福
　　　　　　利，特制定本法。
　　　　　　兒童及少年福利依本法之規定，本法未規定者，適用其他法
　　　　　　律之規定。

第　二　條　本法所稱兒童及少年，指未滿十八歲之人；所稱兒童，指未
　　　　　　滿十二歲之人；所稱少年，指十二歲以上未滿十八歲之人。

第　三　條　父母或監護人對兒童及少年應負保護、教養之責任。對於主
　　　　　　管機關、目的事業主管機關或兒童及少年福利機構依本法所
　　　　　　為之各項措施，應配合及協助。

第　四　條　政府及公私立機構、團體應協助兒童及少年之父母或監護
　　　　　　人，維護兒童及少年健康，促進其身心健全發展，對於需要
　　　　　　保護、救助、輔導、治療、早期療育、身心障礙重建及其他
　　　　　　特殊協助之兒童及少年，應提供所需服務及措施。

第 五 條 政府及公私立機構、團體處理兒童及少年相關事務時，應以兒童及少年之最佳利益為優先考量；有關其保護及救助，並應優先處理。

前項主管機關在中央應設兒童及少年局；在直轄市及縣

兒童及少年之權益受到不法侵害時，政府應予適當之協助及保護。

第 六 條 本法所稱主管機關：在中央為內政部；在直轄市為直轄市政府；在縣（市）為縣（市）政府。

前項主管機關在中央應設兒童及少年局；在直轄市及縣（市）政府應設兒童及少年福利專責單位。

第 七 條 下列事項，由中央主管機關掌理。但涉及各中央目的事業主管機關職掌，依法應由各中央目的事業主管機關掌理者，從其規定：

一、全國性兒童及少年福利政策、法規與方案之規劃、釐定及宣導事項。

二、對直轄市、縣（市）政府執行兒童及少年福利之監督及協調事項。

三、中央兒童及少年福利經費之分配及補助事項。

四、兒童及少年福利事業之策劃、獎助及評鑑之規劃事項。

五、兒童及少年福利專業人員訓練之規劃事項。

六、國際兒童及少年福利業務之聯繫、交流及合作事項。

七、兒童及少年保護業務之規劃事項。

八、中央或全國性兒童及少年福利機構之設立、監督及輔導事項。

九、其他全國性兒童及少年福利之策劃及督導事項。

第 八 條 下列事項，由直轄市、縣（市）主管機關掌理。但涉及各地方目的事業主管機關職掌，依法應由各地方目的事業主管機關掌理者，從其規定：

一、直轄市、縣（市）兒童及少年福利政策、自治法規與方案之規劃、釐定、宣導及執行事項。

二、中央兒童及少年福利政策、法規及方案之執行事項。

三、兒童及少年福利專業人員訓練之執行事項。

四、兒童及少年保護業務之執行事項。

五、直轄市、縣（市）兒童及少年福利機構之設立、監督及輔導事項。

六、其他直轄市、縣（市）兒童及少年福利之策劃及督導事項。

第　九　條　本法所定事項，主管機關及各目的事業主管機關應就其權責範圍，針對兒童及少年之需要，尊重多元文化差異，主動規劃所需福利，對涉及相關機關之兒童及少年福利業務，應全力配合之。

主管機關及各目的事業主管機關權責劃分如下：

一、主管機關：主管兒童及少年福利法規、政策、福利工作、福利事業、專業人員訓練、兒童及少年保護、親職教育、福利機構設置等相關事宜。

二、衛生主管機關：主管婦幼衛生、優生保健、發展遲緩兒童早期醫療、兒童及少年心理保健、醫療、復健及健康保險等相關事宜。

三、教育主管機關：主管兒童及少年教育及其經費之補助、特殊教育、幼稚教育、兒童及少年就學、家庭教育、社會教育、兒童課後照顧服務等相關事宜。

四、勞工主管機關：主管年滿十五歲少年之職業訓練、就業服務、勞動條件之維護等相關事宜。

五、建設、工務、消防主管機關：主管兒童及少年福利機構建築物管理、公共設施、公共安全、建築物環境、消防安全管理、遊樂設施等相關事宜。

六、警政主管機關：主管兒童及少年保護個案人身安全之維護、失蹤兒童及少年之協尋等相關事宜。

七、交通主管機關：主管兒童及少年交通安全、幼童專用車

檢驗等相關事宜。

八、新聞主管機關：主管兒童及少年閱聽權益之維護、媒體分級等相關事宜之規劃與辦理。

九、戶政主管機關：主管兒童及少年身分資料及戶籍相關事宜。

十、財政主管機關：主管兒童及少年福利機構稅捐之減免等相關事宜。

十一、其他兒童及少年福利措施由各相關目的事業主管機關依職權辦理。

第　十　條　主管機關為協調、研究、審議、諮詢及推動兒童及少年福利政策，應設諮詢性質之委員會。

前項委員會以行政首長為主任委員，學者、專家及民間團體代表之比例不得低於委員人數之二分之一。委員會每年至少應開會四次。

第 十 一 條　政府及公私立機構、團體應培養兒童及少年福利專業人員，並應定期舉辦職前訓練及在職訓練。

第 十 二 條　兒童及少年福利經費之來源如下：

一、各級政府年度預算及社會福利基金。

二、私人或團體捐贈。

三、依本法所處之罰鍰。

四、其他相關收入。

第二章　身分權益

第 十 三 條　胎兒出生後七日內，接生人應將其出生之相關資料通報戶政及衛生主管機關備查。

接生人無法取得完整資料以填報出生通報者，仍應為前項之通報。戶政主管機關應於接獲通報後，依相關規定辦理；必要時，得請求主管機關、警政及其他目的事業主管機關協助。

出生通報表由中央衛生主管機關定之。

第 十 四 條　法院認可兒童及少年收養事件，應基於兒童及少年之最佳利益，斟酌收養人之人格、經濟能力、家庭狀況及以往照顧或監護其他兒童及少年之紀錄決定之。

滿七歲之兒童及少年被收養時，兒童及少年之意願應受尊重。兒童及少年不同意時，非確信認可被收養，乃符合其最佳利益，法院應不予認可。

法院認可兒童及少年之收養前，得准收養人與兒童及少年先行共同生活一段期間，供法院決定認可之參考；共同生活期間，對於兒童及少年權利義務之行使或負擔，由收養人為之。

法院認可兒童及少年之收養前，應命主管機關或兒童及少年福利機構進行訪視，提出調查報告及建議。收養人或收養事件之利害關係人亦得提出相關資料或證據，供法院斟酌。

前項主管機關或兒童及少年福利機構進行前項訪視，應調查出養之必要性，並給予必要之協助。其無出養之必要者，應建議法院不為收養之認可。

法院對被遺棄兒童及少年為收養認可前，應命主管機關調查其身分資料。

父母對於兒童及少年出養之意見不一致，或一方所在不明時，父母之一方仍可向法院聲請認可。經法院調查認為收養乃符合兒童及少年之最佳利益時，應予認可。

法院認可或駁回兒童及少年收養之聲請時，應以書面通知主管機關，主管機關應為必要之訪視或其他處置，並作成報告。

第 十 五 條　收養兒童及少年經法院認可者，收養關係溯及於收養書面契約成立時發生效力；無書面契約者，以向法院聲請時為收養關係成立之時；有試行收養之情形者，收養關係溯及於開始共同生活時發生效力。

聲請認可收養後，法院裁定前，兒童及少年死亡者，聲請程序終結。收養人死亡者，法院應命主管機關或其委託機構為調查，並提出報告及建議，法院認收養於兒童及少年有利益時，仍得為認可收養之裁定，其效力依前項之規定。

第 十 六 條　養父母對養子女有下列之行為，養子女、利害關係人或主管機關得向法院聲請宣告終止其收養關係：

一、有第三十條各款所定行為之一。

二、違反第二十六條第二項或第二十八條第二項規定，情節重大者。

第 十 七 條　中央主管機關應自行或委託兒童及少年福利機構設立收養資訊中心，保存出養人、收養人及被收養兒童及少年之身分、健康等相關資訊之檔案。

收養資訊中心、所屬人員或其他辦理收出養業務之人員，對前項資訊，應妥善維護當事人之隱私並負專業上保密之責，未經當事人同意或依法律規定者，不得對外提供。

第一項資訊之範圍、來源、管理及使用辦法，由中央主管機關定之。

第 十 八 條　父母或監護人因故無法對其兒童及少年盡扶養義務時，於聲請法院認可收養前，得委託有收出養服務之兒童及少年福利機構，代覓適當之收養人。

前項機構應於接受委託後，先為出養必要性之訪視調查；評估有其出養必要後，始為寄養、試養或其他適當之安置、輔導與協助。

兒童及少年福利機構從事收出養服務項目之許可、管理、撤銷及收出養媒介程序等事項，由中央主管機關定之。

第三章　福利措施

第 十 九 條　直轄市、縣（市）政府，應鼓勵、輔導、委託民間或自行辦理下列兒童及少年福利措施：

一、建立發展遲緩兒童早期通報系統，並提供早期療育服務。

二、辦理兒童托育服務。

三、對兒童及少年及其家庭提供諮詢輔導服務。

四、對兒童及少年及其父母辦理親職教育。

五、對於無力撫育其未滿十二歲之子女或被監護人者，予以家庭生活扶助或醫療補助。

六、對於無謀生能力或在學之少年，無扶養義務人或扶養義務人無力維持其生活者，予以生活扶助或醫療補助。

七、早產兒、重病兒童及少年與發展遲緩兒童之扶養義務人無力支付醫療費用之補助。

八、對於不適宜在家庭內教養或逃家之兒童及少年，提供適當之安置。

九、對於無依兒童及少年，予以適當之安置。

十、對於未婚懷孕或分娩而遭遇困境之婦嬰，予以適當之安置及協助。

十一、提供兒童及少年適當之休閒、娛樂及文化活動。

十二、辦理兒童課後照顧服務。

十三、其他兒童及少年及其家庭之福利服務。

前項第九款無依兒童及少年之通報、協尋、安置方式、要件、追蹤之處理辦法，由中央主管機關定之。

第一項第十二款之兒童課後照顧服務，得由直轄市、縣（市）政府指定所屬國民小學辦理，其辦理方式、人員資格等相關事項標準，由教育部會同內政部定之。

第 二 十 條　政府應規劃實施三歲以下兒童醫療照顧措施，必要時並得補助其費用。

前項費用之補助對象、項目、金額及其程序等之辦法，由中央主管機關定之。

第二十一條　疑似發展遲緩兒童或身心障礙兒童及少年之父母或監護人，

得申請警政主管機關建立疑似發展遲緩兒童或身心障礙兒童及少年之指紋資料。

第二十二條　各類兒童及少年福利、教育及醫療機構，發現有疑似發展遲緩兒童或身心障礙兒童及少年，應通報直轄市、縣（市）主管機關。直轄市、縣（市）主管機關應將接獲資料，建立檔案管理，並視其需要提供、轉介適當之服務。

第二十三條　政府對發展遲緩兒童，應按其需要，給予早期療育、醫療、就學方面之特殊照顧。

父母、監護人或其他實際照顧兒童之人，應配合前項政府對發展遲緩兒童所提供之各項特殊照顧。

早期療育所需之篩檢、通報、評估、治療、教育等各項服務之銜接及協調機制，由中央主管機關會同衛生、教育主管機關規劃辦理。

第二十四條　兒童及孕婦應優先獲得照顧。

交通及醫療等公、民營事業應提供兒童及孕婦優先照顧措施。

第二十五條　少年年滿十五歲有進修或就業意願者，教育、勞工主管機關應視其性向及志願，輔導其進修、接受職業訓練或就業。

雇主對年滿十五歲之少年員工應提供教育進修機會，其辦理績效良好者，勞工主管機關應予獎勵。

第四章　保護措施

第二十六條　兒童及少年不得為下列行為：

一、吸菸、飲酒、嚼檳榔。

二、施用毒品、非法施用管制藥品或其他有害身心健康之物質。

三、觀看、閱覽、收聽或使用足以妨害其身心健康之暴力、色情、猥褻、賭博之出版品、圖畫、錄影帶、錄音帶、影片、光碟、磁片、電子訊號、遊戲軟體、網際網路或

　　　　　　其他物品。

　　　　四、在道路上競駛、競技或以蛇行等危險方式駕車或參與其
　　　　　　行為。

　　　　父母、監護人或其他實際照顧兒童及少年之人，應禁止兒童
　　　　及少年為前項各款行為。

　　　　任何人均不得供應第一項之物質、物品予兒童及少年。

第二十七條　出版品、電腦軟體、電腦網路應予分級；其他有害兒童及少
　　　　　　年身心健康之物品經目的事業主管機關認定應予分級者，亦
　　　　　　同。

　　　　前項物品列為限制級者，禁止對兒童及少年為租售、散布、
　　　　播送或公然陳列。

　　　　第一項物品之分級辦法，由目的事業主管機關定之。

第二十八條　兒童及少年不得出入酒家、特種咖啡茶室、限制級電子遊戲
　　　　　　場及其他涉及賭博、色情、暴力等經主管機關認定足以危害
　　　　　　其身心健康之場所。

　　　　父母、監護人或其他實際照顧兒童及少年之人，應禁止兒童
　　　　及少年出入前項場所。

　　　　第一項場所之負責人及從業人員應拒絕兒童及少年進入。

第二十九條　父母、監護人或其他實際照顧兒童及少年之人，應禁止兒童
　　　　　　及少年充當前條第一項場所之侍應或從事危險、不正當或其
　　　　　　他足以危害或影響其身心發展之工作。

　　　　任何人不得利用、僱用或誘迫兒童及少年從事前項之工作。

第 三 十 條　任何人對於兒童及少年不得有下列行為：

　　　　一、遺棄。

　　　　二、身心虐待。

　　　　三、利用兒童及少年從事有害健康等危害性活動或欺騙之行
　　　　　　為。

　　　　四、利用身心障礙或特殊形體兒童及少年供人參觀。

　　　　五、利用兒童及少年行乞。

六、剝奪或妨礙兒童及少年接受國民教育之機會。

七、強迫兒童及少年婚嫁。

八、拐騙、綁架、買賣、質押兒童及少年，或以兒童及少年為擔保之行為。

九、強迫、引誘、容留或媒介兒童及少年為猥褻行為或性交。

十、供應兒童及少年刀械、槍砲、彈藥或其他危險物品。

十一、利用兒童及少年拍攝或錄製暴力、猥褻、色情或其他有害兒童及少年身心發展之出版品、圖畫、錄影帶、錄音帶、影片、光碟、磁片、電子訊號、遊戲軟體、網際網路或其他物品。

十二、違反媒體分級辦法，對兒童及少年提供或播送有害其身心發展之出版品、圖畫、錄影帶、影片、光碟、電子訊號、網際網路或其他物品。

十三、帶領或誘使兒童及少年進入有礙其身心健康之場所。

十四、其他對兒童及少年或利用兒童及少年犯罪或為不正當之行為。

第三十一條　孕婦不得吸菸、酗酒、嚼檳榔、施用毒品、非法施用管制藥品或為其他有害胎兒發育之行為。

　　　　　　任何人不得強迫、引誘或以其他方式使孕婦為有害胎兒發育之行為。

第三十二條　父母、監護人或其他實際照顧兒童之人不得使兒童獨處於易發生危險或傷害之環境；對於六歲以下兒童或需要特別看護之兒童及少年，不得使其獨處或由不適當之人代為照顧。

第三十三條　兒童及少年有下列情事之一，宜由相關機構協助、輔導者，直轄市、縣（市）主管機關得依其父母、監護人或其他實際照顧兒童及少年之人之申請或經其同意，協調適當之機構協助、輔導或安置之：

一、違反第二十六條第一項、第二十八條第一項規定或從事

第二十九條第一項禁止從事之工作，經其父母、監護人或其他實際照顧兒童及少年之人盡力禁止而無效果。

二、有品行不端、暴力等偏差行為，情形嚴重，經其父母、監護人或其他實際照顧兒童及少年之人盡力矯正而無效果。

前項機構協助、輔導或安置所必要之生活費、衛生保健費、學雜各費及其他相關費用，由扶養義務人負擔。

第三十四條　醫事人員、社會工作人員、教育人員、保育人員、警察、司法人員及其他執行兒童及少年福利業務人員，知悉兒童及少年有下列情形之一者，應立即向直轄市、縣（市）主管機關通報，至遲不得超過二十四小時：

一、施用毒品、非法施用管制藥品或其他有害身心健康之物質。

二、充當第二十八條第一項場所之侍應。

三、遭受第三十條各款之行為。

四、有第三十六條第一項各款之情形。

五、遭受其他傷害之情形。

其他任何人知悉兒童及少年有前項各款之情形者，得通報直轄市、縣（市）主管機關。

直轄市、縣（市）主管機關於知悉或接獲通報前二項案件時，應立即處理，至遲不得超過二十四小時，其承辦人員並應於受理案件後四日內提出調查報告。

第一項及第二項通報及處理辦法，由中央主管機關定之。

第一項及第二項通報人之身分資料，應予保密。

第三十五條　兒童及少年罹患性病或有酒癮、藥物濫用情形者，其父母、監護人或其他實際照顧兒童及少年之人應協助就醫，或由直轄市、縣（市）主管機關會同衛生主管機關配合協助就醫；必要時，得請求警察主管機關協助。

前項治療所需之費用，由兒童及少年之父母、監護人負擔。

但屬全民健康保險給付範圍或依法補助者，不在此限。

第三十六條　兒童及少年有下列各款情形之一，非立即給予保護、安置或為其他處置，其生命、身體或自由有立即之危險或有危險之虞者，直轄市、縣（市）主管機關應予緊急保護、安置或為其他必要之處置：

一、兒童及少年未受適當之養育或照顧。

二、兒童及少年有立即接受診治之必要，而未就醫者。

三、兒童及少年遭遺棄、身心虐待、買賣、質押，被強迫或引誘從事不正當之行為或工作者。

四、兒童及少年遭受其他迫害，非立即安置難以有效保護者。

直轄市、縣（市）主管機關為前項緊急保護、安置或為其他必要之處置時，得請求檢察官或當地警察機關協助之。

第一項兒童及少年之安置，直轄市、縣（市）主管機關得辦理家庭寄養、交付適當之兒童及少年福利機構或其他安置機構教養之。

第三十七條　直轄市、縣（市）主管機關依前條規定緊急安置時，應即通報當地地方法院及警察機關，並通知兒童及少年之父母、監護人。但其無父母、監護人或通知顯有困難時，得不通知之。

緊急安置不得超過七十二小時，非七十二小時以上之安置不足以保護兒童及少年者，得聲請法院裁定繼續安置。繼續安置以三個月為限；必要時，得聲請法院裁定延長之。

繼續安置之聲請，得以電訊傳真或其他科技設備為之。

第三十八條　直轄市、縣（市）主管機關、父母、監護人、受安置兒童及少年對於前條第二項裁定有不服者，得於裁定送達後十日內提起抗告。對於抗告法院之裁定不得再抗告。

聲請及抗告期間，原安置機關、機構或寄養家庭得繼續安置之。

安置期間因情事變更或無依原裁定繼續安置之必要者，直轄市、縣（市）主管機關、父母、原監護人、受安置兒童及少年得向法院聲請變更或撤銷之。

直轄市、縣（市）主管機關對於安置期間期滿或依前項撤銷安置之兒童及少年，應續予追蹤輔導一年。

第三十九條　安置期間，直轄市、縣（市）主管機關或受其交付安置之機構或寄養家庭在保護安置兒童及少年之範圍內，行使、負擔父母對於未成年子女之權利義務。

法院裁定得繼續安置兒童及少年者，直轄市、縣（市）主管機關或受其交付安置之機構或寄養家庭，應選任其成員一人執行監護事務，並負與親權人相同之注意義務。直轄市、縣（市）主管機關應陳報法院執行監護事務之人，並應按個案進展作成報告備查。

安置期間，兒童及少年之父母、原監護人、親友、師長經主管機關許可，得依其指示時間、地點及方式，探視兒童及少年。不遵守指示者，直轄市、縣（市）主管機關得禁止之。主管機關為前項許可時，應尊重兒童及少年之意願。

第 四 十 條　安置期間，非為貫徹保護兒童及少年之目的，不得使其接受訪談、偵訊、訊問或身體檢查。

兒童及少年接受訪談、偵訊、訊問或身體檢查，應由社會工作人員陪同，並保護其隱私。

第四十一條　兒童及少年因家庭發生重大變故，致無法正常生活於其家庭者，其父母、監護人、利害關係人或兒童及少年福利機構，得申請直轄市、縣（市）主管機關安置或輔助。

前項安置，直轄市、縣（市）主管機關得辦理家庭寄養、交付適當之兒童及少年福利機構或其他安置機構教養之。

直轄市、縣（市）主管機關、受寄養家庭或機構負責人依第一項規定，在安置兒童及少年之範圍內，行使、負擔父母對於未成年子女之權利義務。

第一項之家庭情況改善者，被安置之兒童及少年仍得返回其家庭，並由主管機關續予追蹤輔導一年。

第二項及第三十六條第三項之家庭寄養，其寄養條件、程序與受寄養家庭之資格、許可、督導、考核及獎勵之辦法，由直轄市、縣（市）主管機關定之。

第四十二條　直轄市、縣（市）主管機關依第三十六條第三項或前條第二項對兒童及少年為安置時，因受寄養家庭或安置機構提供兒童及少年必要服務所需之生活費、衛生保健費、學雜各費及其他與安置有關之費用，得向扶養義務人收取；其收費規定，由直轄市、縣（市）主管機關定之。

第四十三條　兒童及少年有第三十條或第三十六條第一項各款情事，或屬目睹家庭暴力之兒童及少年，經直轄市、縣（市）主管機關列為保護個案者，該主管機關應提出兒童及少年家庭處遇計畫；必要時，得委託兒童及少年福利機構或團體辦理。

前項處遇計畫得包括家庭功能評估、兒童少年安全與安置評估、親職教育、心理輔導、精神治療、戒癮治療或其他與維護兒童及少年或其他家庭正常功能有關之扶助及福利服務方案。

處遇計畫之實施，兒童及少年本人、父母、監護人、實際照顧兒童及少年之人或其他有關之人應予配合。

第四十四條　依本法保護、安置、訪視、調查、評估、輔導、處遇兒童及少年或其家庭，應建立個案資料，並定期追蹤評估。

因職務上所知悉之秘密或隱私及所製作或持有之文書，應予保密，非有正當理由，不得洩漏或公開。

第四十五條　對於依少年事件處理法所轉介或交付安置輔導之兒童及少年及其家庭，當地主管機關應予以追蹤輔導，並提供必要之福利服務。

前項追蹤輔導及福利服務，得委託兒童及少年福利機構為之。

第四十六條　宣傳品、出版品、廣播電視、電腦網路或其他媒體不得報導或記載遭受第三十條或第三十六條第一項各款行為兒童及少年之姓名或其他足以識別身分之資訊。兒童及少年有施用毒品、非法施用管制藥品或其他有害身心健康之物質之情事者，亦同。

行政機關及司法機關所製作必須公開之文書，不得揭露足以識別前項兒童及少年身分之資訊。

除前二項以外之任何人亦不得於媒體、資訊或以其他公示方式揭示有關第一項兒童及少年之姓名及其他足以識別身分之資訊。

第四十七條　直轄市、縣（市）主管機關就本法規定事項，必要時得自行或委託兒童及少年福利機構、團體進行訪視、調查及處遇。

直轄市、縣（市）主管機關或受其委託之機構或團體進行訪視、調查及處遇時，兒童及少年之父母、監護人、實際照顧兒童及少年之人、師長、雇主、醫事人員及其他有關之人應予配合並提供相關資料；必要時，該主管機關並得請求警政、戶政、財政、教育或其他相關機關或機構協助，被請求之機關或機構應予配合。

第四十八條　父母或監護人對兒童及少年疏於保護、照顧情節嚴重，或有第三十條、第三十六條第一項各款行為，或未禁止兒童及少年施用毒品、非法施用管制藥品者，兒童及少年或其最近尊親屬、主管機關、兒童及少年福利機構或其他利害關係人，得聲請法院宣告停止其親權或監護權之全部或一部，或另行選定或改定監護人；對於養父母，並得聲請法院宣告終止其收養關係。

法院依前項規定選定或改定監護人時，得指定主管機關、兒童及少年福利機構之負責人或其他適當之人為兒童及少年之監護人，並得指定監護方法、命其父母、原監護人或其他扶養義務人交付子女、支付選定或改定監護人相當之扶養費用

及報酬、命為其他必要處分或訂定必要事項。

前項裁定,得為執行名義。

第四十九條　有事實足以認定兒童及少年之財產權益有遭受侵害之虞者,主管機關得請求法院就兒童及少年財產之管理、使用、收益或處分,指定或改定社政主管機關或其他適當之人任監護人或指定監護之方法,並得指定或改定受託人管理財產之全部或一部。

前項裁定確定前,主管機關得代為保管兒童及少年之財產。

第五章　福利機構

第 五 十 條　兒童及少年福利機構分類如下:

一、托育機構。

二、早期療育機構。

三、安置及教養機構。

四、心理輔導或家庭諮詢機構。

五、其他兒童及少年福利機構。

前項兒童及少年福利機構之規模、面積、設施、人員配置及業務範圍等事項之標準,由中央主管機關定之。

第一項兒童及少年福利機構,各級主管機關應鼓勵、委託民間或自行創辦;其所屬公立兒童及少年福利機構之業務,必要時並得委託民間辦理。

第五十一條　兒童及少年福利機構之業務,應遴用專業人員辦理;其專業人員之類別、資格、訓練及課程等之辦法,由中央主管機關定之。

第五十二條　私人或團體辦理兒童及少年福利機構,應向當地主管機關申請設立許可;其有對外勸募行為且享受租稅減免者,應於設立許可之日起六個月內辦理財團法人登記。

未於前項期間辦理財團法人登記,而有正當理由者,得申請核准延長一次,期間不得超過三個月;屆期不辦理者,原許

可失其效力。

第一項申請設立之許可要件、申請程序、審核期限、撤銷與廢止許可、督導管理及其他應遵行事項之辦法，由中央主管機關定之。

第五十三條　兒童及少年福利機構不得利用其事業為任何不當之宣傳；其接受捐贈者，應公開徵信，並不得利用捐贈為設立目的以外之行為。

主管機關應辦理輔導、監督、檢查、評鑑及獎勵兒童及少年福利機構。

前項評鑑對象、項目、方式及獎勵方式等辦法，由主管機關定之。

第六章　罰則

第五十四條　接生人違反第十三條規定者，由衛生主管機關處新臺幣六千元以上三萬元以下罰鍰。

第五十五條　父母、監護人或其他實際照顧兒童及少年之人，違反第二十六條第二項規定情節嚴重者，處新臺幣一萬元以上五萬元以下罰鍰。

供應菸、酒或檳榔予兒童及少年者，處新臺幣三千元以上一萬五千元以下罰鍰。

供應毒品、非法供應管制藥品或其他有害身心健康之物質予兒童及少年者，處新臺幣六萬元以上三十萬元以下罰鍰。

供應有關暴力、猥褻或色情之出版品、圖畫、錄影帶、影片、光碟、電子訊號、電腦網路或其他物品予兒童及少年者，處新臺幣六千元以上三萬元以下罰鍰。

第五十六條　父母、監護人或其他實際照顧兒童及少年之人，違反第二十八條第二項規定者，處新臺幣一萬元以上五萬元以下罰鍰。

違反第二十八條第三項規定者，處新臺幣二萬元以上十萬元以下罰鍰，並公告場所負責人姓名。

第五十七條　父母、監護人或其他實際照顧兒童及少年之人，違反第二十九條第一項規定者，處新臺幣二萬元以上十萬元以下罰鍰，並公告其姓名。

違反第二十九條第二項規定者，處新臺幣六萬元以上三十萬元以下罰鍰，公告行為人及場所負責人之姓名，並令其限期改善；屆期仍不改善者，除情節嚴重，由主管機關移請目的事業主管機關令其歇業者外，令其停業一個月以上一年以下。

第五十八條　違反第三十條規定者，處新臺幣三萬元以上十五萬元以下罰鍰，並公告其姓名。

違反第三十條第十二款規定者，處新台幣十萬元以上五十萬元以下罰鍰，並得勒令停業一個月以上一年以下。

第五十九條　違反第三十一條第二項規定者，處新臺幣一萬元以上五萬元以下罰鍰。

第 六 十 條　違反第三十二條規定者，處新臺幣三千元以上一萬五千元以下罰鍰。

第六十一條　違反第三十四條第一項規定而無正當理由者，處新臺幣六千元以上三萬元以下罰鍰。

第六十二條　違反第十七條第二項、第三十四條第五項、第四十四條第二項、第四十六條第三項而無正當理由者，處新台幣六千元以上三萬元以下罰鍰。

第六十三條　違反第四十六條第一項規定者，各目的事業主管機關對其負責人及行為人，得各處新臺幣三萬元以上三十萬元以下罰鍰，並得沒入第四十六條第一項規定之物品。

第六十四條　兒童及少年之父母、監護人、實際照顧兒童及少年之人、師長、雇主、醫事人員及其他有關之人違反第四十七條第二項規定而無正當理由者，處新臺幣六千元以上三萬元以下罰鍰，並得按次處罰，至其配合或提供相關資料為止。

第六十五條　父母、監護人或其他實際照顧兒童及少年之人有下列情事之

一者，直轄市、縣（市）主管機關得令其接受八小時以上五十小時以下之親職教育輔導，並收取必要之費用；其收費規定，由直轄市、縣（市）主管機關定之：

一、對於兒童及少年所為第二十六條第一項第二款行為，未依同條第二項規定予以禁止。

二、違反第二十八條第二項、第二十九條第一項、第三十條或第三十二條規定，情節嚴重。

三、有第三十六條第一項各款情事之一者。

經直轄市、縣（市）主管機關令其接受前項親職教育輔導，有正當理由無法如期參加者，得申請延期。

拒不接受第一項親職教育輔導或時數不足者，處新臺幣三千元以上一萬五千元以下罰鍰；經再通知仍不接受者，得按次連續處罰，至其參加為止。

第六十六條　違反第五十二條第一項規定者，由設立許可主管機關處新臺幣六萬元以上三十萬元以下罰鍰，並公告其姓名，並命其限期申辦設立許可，屆期仍不辦理者得按次處罰。

經設立許可主管機關依第五十二條第一項規定令其立即停止對外勸募之行為，而不遵令者，由設立許可主管機關處新臺幣六萬元以上三十萬元以下罰鍰並限期改善；屆期仍不改善者，得按次處罰並公告其名稱，並得令其停辦一日以上一個月以下。

兒童及少年福利機構有下列各款情形之一者，設立許可主管機關應通知其限期改善，屆期仍不改善者，得令其停辦一個月以上一年以下：

一、虐待或妨害兒童及少年身心健康者。

二、違反法令或捐助章程者。

三、業務經營方針與設立目的不符者。

四、財務收支未取具合法之憑證、捐款未公開徵信或會計紀錄未完備者。

五、規避、妨礙或拒絕主管機關或目的事業主管機關輔導、檢查、監督者。

六、對各項工作業務報告申報不實者。

七、擴充、遷移、停業未依規定辦理者。

八、供給不衛生之餐飲，經衛生主管機關查明屬實者。

九、提供不安全之設施設備者。

十、發現兒童及少年受虐事實未向直轄市、縣（市）主管機關通報者。

十一、依第五十二條第一項須辦理財團法人登記而未登記者，其有對外募捐行為時。

十二、有其他重大情事，足以影響兒童及少年身心健康者。

依前二項規定令其停辦而拒不遵守者，處新臺幣六萬元以上三十萬元以下罰鍰。經處罰鍰，仍拒不停辦者，設立許可主管機關應廢止其設立許可。

兒童及少年福利機構停辦、停業、解散、撤銷許可或經廢止許可時，設立許可主管機關對於該機構收容之兒童及少年應即予適當之安置。兒童及少年福利機構應予配合；不予配合者，強制實施之，並處以新臺幣六萬元以上三十萬元以下罰鍰。

第六十七條　依本法應受處罰者，除依本法處罰外，其有犯罪嫌疑者，應移送司法機關處理。

第六十八條　依本法所處之罰鍰，經限期繳納，屆期仍不繳納者，依法移送強制執行。

第七章　附則

第六十九條　十八歲以上未滿二十歲之人，於緊急安置等保護措施，準用本法之規定。

第 七 十 條　成年人教唆、幫助或利用兒童及少年犯罪或與之共同實施犯罪或故意對其犯罪者，加重其刑至二分之一。但各該罪就被

害人係兒童及少年已定有特別處罰規定者，不在此限。

對於兒童及少年犯罪者，主管機關得獨立告訴。

第七十一條　以詐欺或其他不正當方法領取本法相關補助或獎勵費用者，主管機關應撤銷原處分並以書面限期命其返還，屆期未返還者，依法移送強制執行；其涉及刑事責任者，移送司法機關辦理。

第七十二條　扶養義務人不依本法規定支付相關費用者，如為保護兒童及少年之必要，由主管機關於兒童及少年福利經費中先行支付。

第七十三條　本法修正施行前已許可立案之兒童福利機構及少年福利機構，於本法修正公布施行後，其設立要件與本法及所授權辦法規定不相符合者，應於中央主管機關公告指定之期限內改善，屆期未改善者，依本法規定處理。

第七十四條　本法施行細則，由中央主管機關定之。

第七十五條　本法自公布日施行。

兒童虐待與少年偏差

童虐待與年偏差

——

問題與防治

附 錄 3

少年家庭生活經驗與行為
問卷調查（一般學生）

同學您好！我是中正大學的教授，正在進行一項有關少年家庭生活經驗與行為的研究。為使研究進行順利，我們需要您的協助。以下這份問卷，請您仔細閱讀填寫，這將對我們的社會在幫助少年過健康的生活，有相當大的幫助。

這份問卷不需要寫名字或學號，問卷將完全保密並以數字分析，不會呈現個人資料，也不會影響您任何權益，請放心填寫！謝謝您的合作與協助！

＊每一題都請先看完全部選項，找出最合適的項目再作答。

國立中正大學犯罪防治研究所副教授　鄭瑞隆　敬啟

壹、個人背景資料

1. 你的年齡，民國＿＿＿年次。

2. 你的性別：＿＿＿(1)男生　(2)女生。

3. 學校教育：＿＿＿(1)國小畢業或沒畢業　(2)國中生　(3)國中畢業
　　　　　　　　　(4)高中、職學生　(5)高中、職畢業　(6)專科學生。

4. 族群：＿＿(1)一般本省人　(2)原住民　(3)外省人　(4)客家人　(5)其他。

5. 你個人婚姻狀況：＿＿(1)未婚　(2)已婚，且沒離婚　(3)已婚，但分居　(4)離婚　(5)配偶死亡。

6. 家庭收入，平均每個月：＿＿(1) 30,000 元以下　(2) 30,001～60,000 元　(3) 60,001～90,000 元　(4) 90,001～120,000 元　(5) 120,001 元以上　(6)不知道或不清楚。

7. 父親從事的工作：＿＿（請從下列行業中挑選合適者填入）

8. 母親從事的工作：＿＿（請從下列行業中挑選合適者填入）

(1)無業或無固定工作　(2)家庭管理　(3)不知道或不詳　(4) 已死亡　(5)體力、勞力工（如零工、粗工、攤販、工廠作業員……等）　(6)技術工（如水電工、裝潢工、泥水工、汽修工、美髮師、裁縫……）　(7)高級專業人員（如醫師、建築師、會計師、教授、律師、法官、檢察官、護理師……等）　(8)軍公教人員　(9)小自營商（小店、小工廠或小公司老闆）　⑽大自營商（大店、大工廠或大公司老闆）　⑾商業或服務業受雇人員　⑿農、林、漁、牧業　⒀非傳統行業（如KTV、PUB、茶藝館、泡沫紅茶店、理容休閒中心、三溫暖、電動玩具業、舞廳……等）　⒁在監服刑　⒂其他＿＿＿＿＿＿＿＿＿＿＿＿。

貳、家庭情形

1. 現在，你父母親狀況是：＿＿(1)父母均存，且住在一起　(2)父母均已亡故　(3)父母均不知去向或行蹤不明　(4)父存母亡　(5)父亡母存　(6)父母均存，但分居中　(7)父母均存，但已離婚。

2. 整體來說，你父母親婚姻感情狀況是：＿＿(1)父母親感情很好　(2)父母親感情普通　(3)父母親感情冷淡　(4)父母親感情不睦　(5)父母親經常吵架　(6)沒有印象或不清楚。

3. 從小時候到現在，整體來說，家庭裡誰是主要管教你的人：＿＿(1)父親(2)母親　(3)父母親都是　(4)祖父　(5)祖母　(6)祖父母都是　(7)其他親戚，請說明＿＿＿＿＿＿＿＿＿＿＿＿＿＿。

4. 主要管教你的人，對你的行為約束或管教的效果，你覺得：＿＿(1)非

常有效　(2)普通　(3)不太有效　(4)毫無約束力　(5)很少管我　(6)根本不管我。

5. 主要管教你的人，對你管教的方式，大多是：＿＿＿(1)嘴巴說說念念 (2)惡言或大聲辱罵　(3)毆打　(4)放任不管　(5)溫和地溝通，好言相勸 (6)又打又罵　(7)其他，請說明＿＿＿＿＿＿。

6. 你對自己的家庭生活情形滿意程度如何？＿＿＿(1)非常不滿意　(2)不滿意 (3)普通　(4)滿意　(5)非常滿意。

7. 你的家庭中發生衝突與爭吵事件的情形？＿＿＿(1)非常普遍　(2)普遍 (3)普通　(4)不常見　(5)不曾發生過。

8. 你的家庭中發生暴力行為事件的情形？＿＿＿(1)非常普遍　(2)普遍 (3)普通　(4)不常見　(5)不曾發生過。

9. 你覺得你的家庭幸福嗎？＿＿＿(1)非常不幸福　(2)不幸福　(3)普通 (4)幸福　(5)非常幸福。

10. 請問你的父親是否曾有下列行為或紀錄？

酗酒（喝酒成習慣）----------□是　　□否

吸毒------------------------□是　　□否

賭博------------------------□是　　□否

自殺------------------------□是　　□否

嫖妓------------------------□是　　□否

精神疾病--------------------□是　　□否

犯罪前科--------------------□是　　□否

11. 請問你的母親是否曾有下列行為或紀錄？

酗酒------------------------□是　　□否

吸毒------------------------□是　　□否

賭博------------------------□是　　□否

自殺------------------------□是　　□否

性交易----------------------□是　　□否

精神疾病--------------------□是　　□否

犯罪前科--------------------□是　　□否

12. 父母親之外的家庭成員（指住在一起的兄弟姊妹或叔叔伯伯之類的人），是否曾有下列行為或紀錄？

酗酒------------------------□是　　　□否

吸毒------------------------□是　　　□否

賭博------------------------□是　　　□否

自殺------------------------□是　　　□否

性交易----------------------□是　　　□否

精神疾病--------------------□是　　　□否

犯罪前科--------------------□是　　　□否

參、整體來說，你感覺到

1. 你與父親的關係：＿＿(0)沒有父親　(1)非常疏遠　(2)疏遠　(3)普通　(4)密切　(5)非常密切。

2. 你與母親的關係：＿＿(0)沒有母親　(1)非常疏遠　(2)疏遠　(3)普通　(4)密切　(5)非常密切。

3. 你與親兄弟姊妹的關係：＿＿(0)沒有親兄弟姊妹　(1)非常疏遠　(2)疏遠　(3)普通　(4)密切　(5)非常密切。

肆、你的行為表現

　　下面這些題目是有關日常生活中一些行為表現。每一題都有八個選擇，從 0 至 7，如果不曾做過那種事情，請填 0；如果有，則從 1 至 7 勾選一項，1 為 1 次，2 為 2 次，……，7 為 7 次或 7 次以上，請你仔細閱讀每一個句子，然後根據你自己現在以前一年內的生活經驗與實際情況，選擇一項答案，在下列適當的選項的□內，以「∨」號作答。

	0	1	2	3	4	5	6	7
1. 深夜在外遊蕩。	□	□	□	□	□	□	□	□
2. 在校園裡抽煙。	□	□	□	□	□	□	□	□
3. 無故逃家或離家出走。	□	□	□	□	□	□	□	□
4. 隨身攜帶刀械、槍枝、或其他危險物品。	□	□	□	□	□	□	□	□

5. 在百貨公司、超級市場、書局、商店等場所
   偷竊。-- □□□□□□□

6. 在求學過程當中曾經受到警告或記過以上的處
   分。-- □□□□□□□

7. 毀損學校、街道、公園的物品或在大眾交通工
   具上塗鴉。------------------------------------ □□□□□□□

8. 出入下列場所（如：MTV、KTV、茶藝館、汽車
   旅館、賭博性電動玩具店等）。------------------ □□□□□□□

9. 故意捉弄同學或朋友。------------------------ □□□□□□□

10. 頂撞或侮辱師長。------------------------------ □□□□□□□

11. 和班上同學吵過架或打過架。------------------ □□□□□□□

12. 在深夜裡大聲喧嘩而吵到街坊鄰居。------------ □□□□□□□

13. 在教室內製造怪聲音而遭老師指責。------------ □□□□□□□

14. 脅迫他人或同學強取他的金錢或物品。---------- □□□□□□□

15. 未經他人允許便拿走他人物品而佔為己有。--- □□□□□□□

16. 用拳頭、木棒、鐵器、瓶罐等物打傷他人
    （含學校同學或教職員）他人。------------------ □□□□□□□

17. 賭博。-- □□□□□□□

18. 喝酒。-- □□□□□□□

19. 吃檳榔。-------------------------------------- □□□□□□□

20. 紋身。-- □□□□□□□

21. 與異性發生性關係。-------------------------- □□□□□□□

22. 用機車或汽車來飆車。------------------------ □□□□□□□

23. 吸食毒品或使用其他迷幻藥物。---------------- □□□□□□□

24. 閱讀黃色書刊（色情漫畫、小說或圖片等），
    或觀看 A 片。-------------------------------- □□□□□□□

25. 觀賞暴力影片或摔角。------------------------ □□□□□□□

26. 考試作弊。------------------------------------ □□□□□□□

27. 看電影或搭車沒有付錢。---------------------- □□□□□□□

28. 向同學、朋友借錢而故意不還。 ------------------ □□□□□□□□

29. 勒索他人錢財。 -------------------------------- □□□□□□□□

30. 在學期間無故曠課（生病除外）。 -------------- □□□□□□□□

31. 未經父母同意，擅自拿取其金錢。 -------------- □□□□□□□□

32. 做錯事情卻不敢承認（敢做不敢當）。 -------- □□□□□□□□

33. 在學期間因害怕考試而藉故不到校參加考試。 □□□□□□□□

34. 曾經參與幫派或不良組織的活動。 -------------- □□□□□□□□

35. 常和有犯罪習慣或不良行為的人在一起。 ------ □□□□□□□□

36. 口出穢言或三字經。 -------------------------- □□□□□□□□

37. 偷看異性換衣服或洗澡。 ---------------------- □□□□□□□□

38. 刮他人汽車或洩氣破壞他人的汽機車。 ------- □□□□□□□□

39. 隨地大小便。 -------------------------------- □□□□□□□□

伍、家庭生活經驗

　　以下請你回憶你的童年與青少年時期，是否曾經遭遇過下列各題所說的情形；如果沒有，請答 0；如果有，請依照你感覺所遭遇的傷害輕重，加以評分。覺得非常嚴重者給 7 分，非常輕微，則給 1 分，各題請以 0、或 1，2，……，6，7，評定程度，在各題右方之格子裡勾選。如果沒有與父母親一起生活者，請以主要照顧你的人的情形與行為來認定。

　　　　　　　　　　　　　　　　　　0 1 2 3 4 5 6 7

1. 父親或母親與你發生性關係。 -------------------- □□□□□□□□

2. 父親或母親用香煙灼燒你的性器官、臀部
   或胸部。 ------------------------------------- □□□□□□□□

3. 父親或母親玩弄你的生殖器。 -------------------- □□□□□□□□

4. 父親或母親用拳頭打你的臉部或頭部。 --------- □□□□□□□□

5. 父親或母親曾經吸食毒品。 ---------------------- □□□□□□□□

6. 父親或母親向你敘述他們兩人發生性關係的
   情形。 --- □□□□□□□□

7. 父親或母親唆使你去偷竊別人或商場的東西。 □□□□□□□□

8. 父親或母親毆打你的肚子。 ------------------------------ □ □ □ □ □ □ □

9. 父親或母親超過 24 小時未給予你食物。 ------- □ □ □ □ □ □ □

10. 父親或母親將你浸泡在過熱的熱水中；或用熱
燙的水噴你。 --- □ □ □ □ □ □ □

11. 父親或母親曾經拿色情圖片或播放成人影片給
你看。 --- □ □ □ □ □ □ □

12. 當你生病、肚子餓或哭泣不停，父親或母親忽
視不理。 --- □ □ □ □ □ □ □

13. 父親或母親酒醉後開車，而且把你也放在車上。
--- □ □ □ □ □ □ □

14. 父親或母親唆使你把偷來的物品拿去銷售。 --- □ □ □ □ □ □ □

15. 父親或母親把你關在衣櫥裏作為懲罰。 -------- □ □ □ □ □ □ □

16. 父親或母親猛搖你的肩膀，並使你撞牆。 ------ □ □ □ □ □ □ □

17. 父親或母親把你關在家裡，僅給予食物、洗澡
等基本生理需要。 ------------------------------------ □ □ □ □ □ □ □

18. 父親或母親大部分時間均忽視你，很少與你交
談或聽你講話。 ------------------------------------ □ □ □ □ □ □ □

19. 父母親在你看得見的地方，進行性行為。 ------ □ □ □ □ □ □ □

20. 父親或母親挪用你的生活費或教育費用，去買
煙、酒或毒品。 ------------------------------------ □ □ □ □ □ □ □

21. 對你有監護權的離婚父親或母親，從事色情行
業。 --- □ □ □ □ □ □ □

22. 父親或母親經常對你大聲吼叫，並用髒話辱罵
你。 --- □ □ □ □ □ □ □

23. 父親或母親經常整個晚上不在家，留下你單獨
一人，無人相伴。 ------------------------------------ □ □ □ □ □ □ □

24. 父親或母親經常拿你與其他兄弟姐妹作比較，
偶而也會故意說，你不是他們親生的。 -------- □ □ □ □ □ □ □

25. 父親或母親用木棍毆打你。 --------------------- □ □ □ □ □ □ □

兒童虐待與少年偏差

問題與防治

26. 你小時候父親或母親常常未能定時為你清潔梳洗。 ----------------------------------- □□□□□□□

27. 父母親經常將你留置在鄰居家玩，沒有考慮有誰在照顧你。 ----------------------------------- □□□□□□□

28. 父親或母親經常無正當理由，而不讓你去上學，剝奪你接受國民教育的機會。 --------------- □□□□□□□

29. 父親或母親知道你在學校不守規矩，經常曠課或逃學，卻置之不理。 ----------------------------- □□□□□□□

30. 父親或母親不關心你是否穿乾淨的衣服。 ------ □□□□□□□

31. 父親或母親拒絕支付家庭生活費用。 ------------ □□□□□□□

32. 父親或母親不帶你去看牙醫。 --------------------- □□□□□□□

33. 父親或母親不按時為你準備正餐。 --------------- □□□□□□□

34. 父親或母親用手掌摑打你的頭部。 --------------- □□□□□□□

35. 父親或母親總是忿怒地咒罵你。 ------------------ □□□□□□□

36. 對你有監護權的已離婚的父親或母親，常帶異性伴侶返家。 ----------------------------------- □□□□□□□

37. 父親或母親用皮帶鞭打你。 ----------------------- □□□□□□□

38. 父親或母親不檢查你是否刷牙。 ------------------ □□□□□□□

39. 父親或母親從未檢查你是否做完學校規定的家庭作業。 --- □□□□□□□

40. 父親或母親喝酒的時候，也要你一起喝。 ------ □□□□□□□

41. 對你有監護權的已離婚父親或母親，經常與異性朋友發生性關係。 ----------------------------- □□□□□□□

42. 父親或母親本身或教唆他人利用你，從事妨害健康之危險性特技表演。 ------------------------- □□□□□□□

43. 父親或母親本人或他人，利用你去街頭行乞，或販賣物品。 ----------------------------------- □□□□□□□

44. 父親或母親觀賞限制級的影片或錄影帶時，允許你在場觀賞。 ------------------------------------- □□□□□□□

45. 父親或母親本人，或允許他人對你拐騙或買賣
　　來賺錢。-- □□□□□□□□

46. 父親或母親因照顧疏忽而使你從樓上墜落。--- □□□□□□□□

陸、身心感受與反應

1. 遭受到父母親或照顧者對你的不當行為（如上述各種情形）後，你心
   中的感受如何？<u>分數愈高表示那種感覺越強烈；無此情形者，寫0。</u>

　　　　　　　　　1 2 3 4 5 6 7 0
　(1)悲傷難過------------□□□□□□□□
　(2)羞愧丟臉------------□□□□□□□□
　(3)憤怒憎恨------------□□□□□□□□
　(4)驚慌失措------------□□□□□□□□
　(5)沒安全感------------□□□□□□□□
　(6)怪罪自己------------□□□□□□□□
　(7)怪罪施暴者---------□□□□□□□□
　(8)怪罪社會------------□□□□□□□□
　(9)怪罪家庭------------□□□□□□□□
　(10)一片茫然------------□□□□□□□□
　(11)焦慮不安------------□□□□□□□□
　(12)陷入無助------------□□□□□□□□
　(13)想要報復------------□□□□□□□□
　(14)骯髒噁心------------□□□□□□□□

2. 遭受到父母親或照顧者對你的不當行為（如上述各種情形）後，你的
   <u>身體受傷</u>情形如何？<u>分數愈高表示越嚴重。0分表示沒有該狀況。</u>

　　　　　　　　　1 2 3 4 5 6 7 0
　(1)紅腫----------------□□□□□□□□
　(2)淤血----------------□□□□□□□□
　(3)破皮----------------□□□□□□□□
　(4)流血----------------□□□□□□□□

(5)刺痛------------------□□□□□□□□

(6)挫傷------------------□□□□□□□□

(7)扭傷------------------□□□□□□□□

(8)內傷------------------□□□□□□□□

(9)脫臼------------------□□□□□□□□

(10)骨折--------------------□□□□□□□□

3. 遭受到父母親或照顧者對你的不當行為（如上述各種情形）後，你當時曾經採取的行為反應是什麼？分數愈高表示該行為反應越強烈，0分表示沒有那個想法或行為。

　　　　　　　　　　　　　　1 2 3 4 5 6 7 0

(1)報復---------------------------□□□□□□□□

(2)反擊---------------------------□□□□□□□□

(3)逃家（兩天以內沒回家）------□□□□□□□□

(4)離家（三日以上沒回家）------□□□□□□□□

(5)求助（請求別人幫助）--------□□□□□□□□

(6)報警---------------------------□□□□□□□□

(7)吸毒---------------------------□□□□□□□□

(8)學乖（不再犯）----------------□□□□□□□□

(9)逃學（曠課）-----------------□□□□□□□□

(10)輟學（休學）-----------------□□□□□□□□

(11)自殺----------------------------□□□□□□□□

少年家庭生活經驗與行為
問卷調查（犯罪少年）

同學您好！我是中正大學的教授，正在進行一項有關少年家庭生活經驗與行為的研究。為使研究進行順利，我們需要您的協助。以下這份問卷，請您仔細閱讀填寫，這將對我們的社會在幫助少年過健康的生活，有相當大的幫助。

這份問卷不需要寫名字或學號，問卷將完全保密並以數字分析，不會呈現個人資料，也不會影響您任何權益，請放心填寫！謝謝您的合作與協助！

＊每一題都請先看完全部選項，找出最合適的項目再作答。

國立中正大學犯罪防治研究所副教授　鄭瑞隆　敬啟

壹、個人背景資料

1. 你的年齡，民國＿＿＿年次。

2. 你的性別：＿＿＿(1)男生　(2)女生。

3. 學校教育（入院前）：＿＿＿(1)國小畢業或沒畢業　(2)國中沒畢業　(3)國中畢業　(4)高中、職沒畢業　(5)高中、職畢業　(6)專科沒畢業。

4. 族群：＿＿(1) 一般本省人　(2)原住民　(3)外省人　(4)客家人　(5)其他。

5. 你個人婚姻狀況（入院前）：＿＿(1)未婚　(2)已婚，且沒離婚　(3)已婚，但分居　(4)離婚　(5)配偶死亡。

6. 家庭收入，平均每個月：＿＿(1) 30,000 元以下　(2) 30,001～60,000 元　(3) 60,001～90,000 元　(4) 90,001～120,000 元　(5) 120,001 元以上。(6)不知道或不清楚。

7. 父親從事的工作：＿＿（請從下列行業中挑選合適者填入）

8. 母親從事的工作：＿＿（請從下列行業中挑選合適者填入）
(1)無業或無固定工作　(2)家庭管理　(3)不知道或不詳　(4)已死亡　(5)體力、勞力工（如零工、粗工、攤販、工廠作業員……等）　(6)技術工（如水電工、裝潢工、泥水工、汽修工、美髮師、裁縫……）　(7)高級專業人員（如醫師、建築師、會計師、教授、律師、法官、檢察官、護理師……等）　(8)軍公教人員　(9)小自營商（小店、小工廠或小公司老闆）　(10)大自營商（大店、大工廠或大公司老闆）　(11)商業或服務業受雇人員　(12)農、林、漁、牧業　(13)非傳統行業（如 KTV、PUB、茶藝館、泡沫紅茶店、理容休閒中心、三溫暖、電動玩具業、舞廳……等）　(14)在監服刑　(15)其他＿＿＿。

貳、家庭情形

1. 進入本機構之前，你父母親狀況是：＿＿(1)父母均存，且住在一起　(2)父母均已亡故　(3)父母均不知去向或行蹤不明　(4)父存母亡　(5)父亡母存　(6)父母均存，但分居中　(7)父母均存，但已離婚。

2. 從小時候到進入本機構之前，整體來說，你父母親婚姻感情狀況是：＿＿(1)父母親感情很好　(2) 父母親感情普通　(3)父母親感情冷淡　(4)父母親感情不睦　(5)父母親經常吵架　(6)沒有印象或不清楚。

3. 從小時候到進入本院之前，整體來說，家庭裡誰是主要管教你的人：＿＿(1)父親　(2)母親　(3)父母親都是　(4)祖父　(5)祖母　(6)祖父母都是　(7)其他親戚，請說明＿＿＿＿。

4. 主要管教你的人，對你的行為約束或管教的效果，你覺得：＿＿(1)非常有效　(2)普通　(3)不太有效　(4)毫無約束力　(5)很少管我　(6)根本不管我。

5. 主要管教你的人，對你管教的方式，大多是：＿＿(1)嘴巴說說念念　(2)惡言或大聲辱罵　(3)毆打　(4)放任不管　(5)溫和地溝通，好言相勸　(6)又打又罵　(7)其他，請說明＿＿＿＿＿＿＿＿。

6. 你對自己的家庭生活情形滿意程度如何？＿＿(1)非常不滿意　(2)不滿意　(3)普通　(4)滿意　(5)非常滿意。

7. 你的家庭中發生衝突與爭吵事件的情形？＿＿(1)非常普遍　(2)普遍　(3)普通　(4)不常見　(5)不曾發生過。

8. 你的家庭中發生暴力行為事件的情形？＿＿(1)非常普遍　(2)普遍　(3)普通　(4)不常見　(5)不曾發生過。

9. 你覺得你的家庭幸福嗎？＿＿(1)非常不幸福　(2)不幸福　(3)普通　(4)幸福　(5)非常幸福。

10. 請問你的父親是否曾有下列行為或紀錄？

酗酒（喝酒成習慣）----------□是　　□否

吸毒--------------------------□是　　□否

賭博--------------------------□是　　□否

自殺--------------------------□是　　□否

嫖妓--------------------------□是　　□否

精神疾病----------------------□是　　□否

犯罪前科----------------------□是　　□否

11. 請問你的母親是否曾有下列行為或紀錄？

酗酒--------------------------□是　　□否

吸毒--------------------------□是　　□否

賭博--------------------------□是　　□否

自殺--------------------------□是　　□否

性交易------------------------□是　　□否

精神疾病----------------------□是　　□否

犯罪前科------------------------□是　　　□否

12. 父母親之外的家庭成員（指住在一起的兄弟姊妹或叔叔伯伯之類的人），是否曾有下列行為或紀錄？

酗酒------------------------□是　　　□否

吸毒------------------------□是　　　□否

賭博------------------------□是　　　□否

自殺------------------------□是　　　□否

性交易------------------------□是　　　□否

精神疾病------------------------□是　　　□否

犯罪前科------------------------□是　　　□否

參、整體來說，你感覺到

1. 你與父親的關係：＿＿(0)沒有父親　(1)非常疏遠　(2)疏遠　(3)普通　(4)密切　(5)非常密切。

2. 你與母親的關係：＿＿(0)沒有母親　(1)非常疏遠　(2)疏遠　(3)普通　(4)密切　(5)非常密切。

3. 你與親兄弟姊妹的關係：＿＿(0)沒有親兄弟姊妹　(1)非常疏遠　(2)疏遠　(3)普通　(4)密切　(5)非常密切。

肆、你的行為表現

下面這些題目是有關日常生活中一些行為表現。每一題都有八個選擇，從 0 至 7，如果不曾做過那種事情，請填 0；如果有，則從 1 至 7 勾選一項，1 為 1 次，2 為 2 次，……，7 為 7 次或 7 次以上，請你仔細閱讀每一個句子，然後根據你自己在進入本機構前一年內的生活經驗與實際情況，選擇一項答案，在下列適當的選項的□內，以「∨」號作答。

　　　　　　　　　　　　　　　　　　0　1　2　3　4　5　6　7

1. 深夜在外遊蕩。------------------------□□□□□□□□

2. 在校園裡抽煙。------------------------□□□□□□□□

3. 無故逃家或離家出走。------------------------□□□□□□□□

4. 隨身攜帶刀械、槍枝、或其他危險物品。------ □□□□□□□

5. 在百貨公司、超級市場、書局、商店等場所
   偷竊。-- □□□□□□□

6. 在求學過程當中曾經受到警告或記過以上的處
   分 --- □□□□□□□

7. 毀損學校、街道、公園的物品或在大眾交通工
   具上塗鴉。------------------------------------- □□□□□□□

8. 出入下列場所（如：MTV、KTV、茶藝館、汽
   車旅館、賭博性電動玩具店等）。-------------- □□□□□□□

9. 故意捉弄同學或朋友。---------------------------- □□□□□□□

10. 頂撞或侮辱師長。-------------------------------- □□□□□□□

11. 和班上同學吵過架或打過架。-------------------- □□□□□□□

12. 在深夜裡大聲喧嘩而吵到街坊鄰居。------------ □□□□□□□

13. 在教室內製造怪聲音而遭老師指責。----------- □□□□□□□

14. 脅迫他人或同學強取他的金錢或物品。--------- □□□□□□□

15. 未經他人允許便拿走他人物品而佔為己有。--- □□□□□□□

16. 用拳頭、木棒、鐵器、瓶罐等物打傷他人
    （含學校同學或教職員）。---------------------- □□□□□□□

17. 賭博。--- □□□□□□□

18. 喝酒。--- □□□□□□□

19. 吃檳榔。-- □□□□□□□

20. 紋身。--- □□□□□□□

21. 與異性發生性關係。---------------------------- □□□□□□□

22. 用機車或汽車來飆車。-------------------------- □□□□□□□

23. 吸食毒品或使用其他迷幻藥物。------------------ □□□□□□□

24. 閱讀黃色書刊（色情漫畫、小說或圖片等），
    或觀看 A 片。---------------------------------- □□□□□□□

25. 觀賞暴力影片或摔角。-------------------------- □□□□□□□

26. 考試作弊。-------------------------------------- □□□□□□□

27. 看電影或搭車沒有付錢。 ---------------------- ☐☐☐☐☐☐☐

28. 向同學、朋友借錢而故意不還。 ---------------- ☐☐☐☐☐☐☐

29. 勒索他人錢財。 --------------------------------- ☐☐☐☐☐☐☐

30. 在學期間無故曠課（生病除外）。 -------------- ☐☐☐☐☐☐☐

31. 未經父母同意，擅自拿取其金錢。 -------------- ☐☐☐☐☐☐☐

32. 做錯事情卻不敢承認（敢做不敢當）。 -------- ☐☐☐☐☐☐☐

33. 在學期間因害怕考試而藉故不到校參加考試。 ☐☐☐☐☐☐☐

34. 曾經參與幫派或不良組織的活動。 -------------- ☐☐☐☐☐☐☐

35. 常和有犯罪習慣或不良行為的人在一起。 ------ ☐☐☐☐☐☐☐

36. 口出穢言或三字經。 ---------------------------- ☐☐☐☐☐☐☐

37. 偷看異性換衣服或洗澡。 ----------------------- ☐☐☐☐☐☐☐

38. 刮他人汽車或洩氣破壞他人的汽機車。 -------- ☐☐☐☐☐☐☐

39. 隨地大小便。 ----------------------------------- ☐☐☐☐☐☐☐

伍、家庭生活經驗

　　以下請你回憶你的童年與青少年時期，是否曾經遭遇過下列各題所說的情形；如果沒有，請答 0；如果有，請依照你感覺所遭遇的傷害輕重，加以評分。覺得非常嚴重者給 7 分，非常輕微，則給 1 分，各題請以 0，或 1，2，……，6，7，評定程度，在各題右方之格子裡勾選。如果沒有與父母親一起生活者，請以主要照顧你的人的情形與行為來認定。

0 1 2 3 4 5 6 7

1. 父親或母親與你發生性關係。 ---------------- ☐☐☐☐☐☐☐☐

2. 父親或母親用香煙灼燒你的性器官、臀部或胸
   部。 -- ☐☐☐☐☐☐☐☐

3. 父親或母親玩弄你的生殖器。 ---------------- ☐☐☐☐☐☐☐☐

4. 父親或母親用拳頭打你的臉部或頭部。 -------- ☐☐☐☐☐☐☐☐

5. 父親或母親曾經吸食毒品。 ------------------ ☐☐☐☐☐☐☐☐

6. 父親或母親向你敘述他們兩人發生性關係的情
   形。 -- ☐☐☐☐☐☐☐☐

7. 父親或母親唆使你去偷竊別人或商場的東西。□□□□□□□

8. 父親或母親毆打你的肚子。------------------ □□□□□□□

9. 父親或母親超過 24 小時未給予你食物。------ □□□□□□□

10. 父親或母親將你浸泡在過熱的熱水中；或用熱
    燙的水噴你。----------------------------- □□□□□□□

11. 父親或母親曾經拿色情圖片或播放成人影片給
    你看。--------------------------------- □□□□□□□

12. 當你生病、肚子餓或哭泣不停，父親或母親忽
    視不理。------------------------------- □□□□□□□

13. 父親或母親酒醉後開車，而且把你也放在車上。
    ------------------------------------- □□□□□□□

14. 父親或母親唆使你把偷來的物品拿去銷售。--- □□□□□□□

15. 父親或母親把你關在衣櫥裏作為懲罰。--------- □□□□□□□

16. 父親或母親猛搖你的肩膀，並使你撞牆。------ □□□□□□□

17. 父親或母親把你關在家裡，僅給予食物、洗澡
    等基本生理需要。----------------------- □□□□□□□

18. 父親或母親大部分時間均忽視你，很少與你交
    談或聽你講話。------------------------- □□□□□□□

19. 父母親在你看得見的地方，進行性行為。------ □□□□□□□

20. 父親或母親挪用你的生活費或教育費用，去買
    煙、酒或毒品。------------------------- □□□□□□□

21. 對你有監護權的離婚父親或母親，從事色情行
    業。--------------------------------- □□□□□□□

22. 父親或母親經常對你大聲吼叫，並用髒話辱罵
    你。--------------------------------- □□□□□□□

23. 父親或母親經常整個晚上不在家，留下你單獨
    一人，無人相伴。----------------------- □□□□□□□

24. 父親或母親經常拿你與其他兄弟姐妹作比較，
    偶而也會故意說，你不是他們親生的。--------- □□□□□□□

25. 父親或母親用木棍毆打你。 ----------------------- ☐☐☐☐☐☐☐☐

26. 你小時候父親或母親常常未能定時為你清潔梳
　　洗。 --- ☐☐☐☐☐☐☐☐

27. 父母親經常將你留置在鄰居家玩，沒有考慮沒
　　有考慮有誰在照顧你。 ----------------------- ☐☐☐☐☐☐☐☐

28. 父親或母親經常無正當理由，而不讓你去上學，
　　剝奪你接受國民教育的機會。 ----------------- ☐☐☐☐☐☐☐☐

29. 父親或母親知道你在學校不守規矩，經常曠課
　　或逃學，卻置之不理。 ----------------------- ☐☐☐☐☐☐☐☐

30. 父親或母親不關心你是否穿乾淨的衣服。 ------ ☐☐☐☐☐☐☐☐

31. 父親或母親拒絕支付家庭生活費用。 ------------ ☐☐☐☐☐☐☐☐

32. 父親或母親不帶你去看牙醫。 ------------------- ☐☐☐☐☐☐☐☐

33. 父親或母親不按時為你準備正餐。 --------------- ☐☐☐☐☐☐☐☐

34. 父親或母親用手掌摑打你的頭部。 --------------- ☐☐☐☐☐☐☐☐

35. 父親或母親總是忿怒地咒罵你。 ----------------- ☐☐☐☐☐☐☐☐

36. 對你有監護權的已離婚的父親或母親，常帶異
　　性伴侶返家。 ------------------------------- ☐☐☐☐☐☐☐☐

37. 父親或母親用皮帶鞭打你。 ----------------------- ☐☐☐☐☐☐☐☐

38. 父親或母親不檢查你是否刷牙。 ------------------ ☐☐☐☐☐☐☐☐

39. 父親或母親從未檢查你是否做完學校規定的家
　　庭作業。 ----------------------------------- ☐☐☐☐☐☐☐☐

40. 父親或母親喝酒的時候，也要你一起喝。 ------ ☐☐☐☐☐☐☐☐

41. 對你有監護權的已離婚父親或母親，經常與異
　　性朋友發生性關係。 ------------------------- ☐☐☐☐☐☐☐☐

42. 父親或母親本身或教唆他人利用你，從事妨害
　　健康之危險性特技表演。 --------------------- ☐☐☐☐☐☐☐☐

43. 父親或母親本人或他人，利用你去街頭行乞，
　　或販賣物品。 ----------------------------- ☐☐☐☐☐☐☐☐

44. 父親或母親觀賞限制級的影片或錄影帶時，允

許在場觀賞。-- □□□□□□□□

45. 父親或母親本人，或允許他人對你拐騙或買賣

來賺錢。--- □□□□□□□□

46. 父親或母親因照顧疏忽而使你從樓上墜落。--- □□□□□□□□

陸、身心感受與反應

1. 遭受到父母親或照顧者對你的不當行為（如上述各種情形）後，你心
中的感受如何？分數愈高表示那種感覺越強烈；無此情形者，寫0。

　　　　　　　　　　0　1　2　3　4　5　6　7

(1)悲傷難過-----------□□□□□□□□

(2)羞愧丟臉-----------□□□□□□□□

(3)憤怒憎恨-----------□□□□□□□□

(4)驚慌失措-----------□□□□□□□□

(5)沒安全感-----------□□□□□□□□

(6)怪罪自己-----------□□□□□□□□

(7)怪罪施暴者--------□□□□□□□□

(8)怪罪社會-----------□□□□□□□□

(9)怪罪家庭-----------□□□□□□□□

(10)一片茫然-----------□□□□□□□□

(11)焦慮不安-----------□□□□□□□□

(12)陷入無助-----------□□□□□□□□

(13)想要報復-----------□□□□□□□□

(14)骯髒噁心-----------□□□□□□□□

2. 遭受到父母親或照顧者對你的不當行為（如上述各種情形）後，你的
身體受傷情形如何？分數愈高表示越嚴重。0分表示沒有該狀況。

　　　　　　　　　　0　1　2　3　4　5　6　7

(1)紅腫----------------□□□□□□□□

(2)淤血----------------□□□□□□□□

(3)破皮----------------□□□□□□□□

(4)流血------------------□□□□□□□

(5)刺痛------------------□□□□□□□

(6)挫傷------------------□□□□□□□

(7)扭傷------------------□□□□□□□

(8)內傷------------------□□□□□□□

(9)脫臼------------------□□□□□□□

(10)骨折------------------□□□□□□□

3. 遭受到父母親或照顧者對你的不當行為（如上述各種情形）後，你當時曾經採取的行為反應是什麼？分數愈高表示該行為反應越強烈，0分表示沒有那個想法或行為。

　　　　　　　　　　　　　　　　0　1　2　3　4　5　6　7

(1)報復----------------------------□□□□□□□□

(2)反擊----------------------------□□□□□□□□

(3)逃家（兩天以內沒回家）--------□□□□□□□□

(4)離家（三日以上沒回家）--------□□□□□□□□

(5)求助（請求別人幫助）-----------□□□□□□□□

(6)報警----------------------------□□□□□□□□

(7)吸毒----------------------------□□□□□□□□

(8)學乖（不再犯）----------------□□□□□□□□

(9)逃學（曠課）------------------□□□□□□□□

(10)輟學（休學）------------------□□□□□□□□

(11)自殺----------------------------□□□□□□□□

附 錄

5

兒少情緒、
行爲及家庭生活問卷調查

同學你好：

這是一份關心你的生活與感受的問卷，目的是要幫助有生活疑難的同學，去面對生活的困境，提升他們的快樂與幸福。所以，你協助本問卷調查的完成十分重要。

本問卷是不記名的問卷調查，所以問卷裡不用寫上你的姓名，只要寫學號（班級座號即可）。本問卷純粹供學術研究之用，不會在任何地方公開你所填答的個人資料，請你安心回答。請你完全依照你的真實經驗或想法來回答，因為並沒有標準答案。請你仔細回答每一題，千萬不要漏掉任何一題喔！謝謝你的幫忙。

國立中正大學犯罪防治學系暨研究所副教授　鄭瑞隆 博士 敬上

壹、你的行為和情緒表現

同學你好：

下面這些題目是詢問你自己過去一年內的生活經驗與實際情況，有關

日常生活中一些行為和情緒表現。每一題都有八個選擇，從 0 至 7，如果過去一年內不曾做過那些事，請填 0；如果有，則從 1 至 7 勾選一項，1 為 1 次，2 為 2 次，……，7 表示 7 次或 7 次以上。請你仔細閱讀每一個句子，然後根據你的實際情形選擇一項答案，在下列適當的選項的□內，以「∨」號作答。

	0	1	2	3	4	5	6	7
1. 深夜在外不回家。	□	□	□	□	□	□	□	□
2. 在校園裡抽煙。	□	□	□	□	□	□	□	□
3. 逃家或離家出走。	□	□	□	□	□	□	□	□
4. 隨身攜帶刀械、棍棒或其他危險物品。	□	□	□	□	□	□	□	□
5. 在百貨公司、超級市場、書局、商店等場所偷東西。	□	□	□	□	□	□	□	□
6. 曾經被學校記過或記警告。	□	□	□	□	□	□	□	□
7. 毀壞學校、街道、公園的物品或在大眾交通工具上塗鴉。	□	□	□	□	□	□	□	□
8. 深夜出入下列場所（如：MTV、KTV、茶藝館、網咖、賭博性電動玩具店等）。	□	□	□	□	□	□	□	□
9. 故意捉弄同學或朋友。	□	□	□	□	□	□	□	□
10. 公然跟老師頂嘴或罵老師。	□	□	□	□	□	□	□	□
11. 和班上同學吵過架或打過架。	□	□	□	□	□	□	□	□
12. 在深夜裡大聲說話或玩樂因而吵到別人。	□	□	□	□	□	□	□	□
13. 在教室內製造噪音而遭到老師指責。	□	□	□	□	□	□	□	□
14. 脅迫他人或同學強取金錢或物品。	□	□	□	□	□	□	□	□
15. 未經他人允許就拿走他人物品且佔為己有。	□	□	□	□	□	□	□	□
16. 用拳頭、木棒、鐵器、瓶罐等物打傷別人。	□	□	□	□	□	□	□	□
17. 賭博。	□	□	□	□	□	□	□	□
18. 喝酒。	□	□	□	□	□	□	□	□
19. 吃檳榔。	□	□	□	□	□	□	□	□
20. 紋身。	□	□	□	□	□	□	□	□

21. 與異性發生性行為。 ----------------------------- □□□□□□□□

22. 用機車或汽車來飆車。 ----------------------------- □□□□□□□□

23. 吸食毒品或使用其他迷幻藥物。 ----------------- □□□□□□□□

24. 閱讀黃色書刊（色情漫畫、小說或圖片等），
    或觀看 A 片。 ----------------------------------- □□□□□□□□

25. 考試作弊。 ------------------------------------- □□□□□□□□

26. 看電影或搭車沒有付錢。 ------------------------- □□□□□□□□

27. 向同學、朋友借錢而故意不還。 ----------------- □□□□□□□□

28. 勒索他人錢財。 --------------------------------- □□□□□□□□

29. 在學期間無故不上學（生病除外）。 ------------- □□□□□□□□

30. 未經父母同意，就拿父母的錢。 ----------------- □□□□□□□□

31. 做錯事情卻不敢承認（敢做不敢當）。 --------- □□□□□□□□

32. 在學期間因害怕考試而藉故不到校參加考試。 □□□□□□□□

33. 曾經參與幫派或不良組織的活動。 -------------- □□□□□□□□

34. 常和有犯罪習慣或不良行為的人在一起。 ----- □□□□□□□□

35. 說髒話或罵三字經。 ----------------------------- □□□□□□□□

36. 偷看異性換衣服或洗澡。 ------------------------- □□□□□□□□

37. 刮他人車子或洩氣破壞他人的機車。 ----------- □□□□□□□□

38. 隨地大小便。 ----------------------------------- □□□□□□□□

	是	否	不確定／不知道
39. 說話取笑別人、罵人或說別人壞話。 --------	□	□	□
40. 想做什麼就做什麼，沒有考慮後果。 --------	□	□	□
41. 沒什麼朋友。 -------------------------------	□	□	□
42. 如果別人不願意，還是會勉強別人照自己的 意思做。 -----------------------------------	□	□	□
43. 會擔心一些不可能會發生的事。 -------------	□	□	□
44. 覺得自己沒有用、不夠好。 -----------------	□	□	□
45. 覺得同學都不喜歡和我做朋友。 -------------	□	□	□

46. 常常覺得心情不好。------------------□ □ □

47. 常常覺得上課沒辦法專心。------------□ □ □

48. 不知道要怎麼交朋友。----------------□ □ □

49. 常躲著別人，不敢和別人講話或在一起（包
括老師、同學、朋友、家人）。--------□ □ □

50. 會覺得別人都在找我麻煩（包括老師、同
學、朋友、家人）。------------------□ □ □

51. 對學校功課沒興趣。----------------□ □ □

53. 會想要傷害自己（如弄傷自己或想到自殺）。
--------------------------------□ □ □

54. 覺得自己常常做錯事。----------------□ □ □

55. 常常會覺得擔心、緊張、害怕。--------□ □ □

56. 常會覺得身體不舒服（如頭痛、肚子痛、覺
得沒精神）。------------------------□ □ □

57. 心裡常覺得生氣，想要報復或想發洩情緒。□ □ □

58. 我同意不乖的人應該被打。------------□ □ □

59. 我同意男女生有不同意見時，應該聽男生的。
--------------------------------□ □ □

60. 我同意家裡最有權力（最大）的人可以打人
或罵人。----------------------------□ □ □

61. 我同意「打人是不對的行為」，任何理由都
不能打人。--------------------------□ □ □

62. 我同意「暴力可以解決問題」。--------□ □ □

貳、家庭生活經驗

同學你好：

以下請你回憶你的童年，一直到現在為止，是否曾經親眼看過或當場聽到過下列各題所說的情形；如果沒有，請答 0；如果有，請照那個事件發生的次數及嚴重程度，進行評分。分數愈大表示愈嚴重或愈常發生，並

在各題右方之格子裡勾選。如果沒有與父母親一起生活者，請以主要照顧你的人的情形與行為來認定。

※請問你是否親眼看過或當場聽到下列的情形： ←愈輕微　愈嚴重→

0 1 2 3 4 5 6 7

1. 父親或母親會互相大聲吼叫或罵對方。--------- □□□□□□□□

2. 父母親用手或腳互相打架，但沒有使用武器或器具。-- □□□□□□□□

3. 父親或母親會拿棍子或其他器具（如煙灰缸）打架。-- □□□□□□□□

4. 看到父親或母親會拿刀子或剪刀之類危險物品吵架，要傷害對方。---------------------------- □□□□□□□□

5. 父親或母親常被另一方打巴掌或其他身體部位。--- □□□□□□□□

6. 父親或母親常被另一方罵髒話或三字經。------ □□□□□□□□

7. 父親或母親吵架時會亂丟或破壞傢俱或家中佈置。-- □□□□□□□□

8. 父親或母親強迫另一方發生性行為（類似強暴的情形）。------------------------------------ □□□□□□□□

9. 父親或母親會抓另一方去撞牆。------------- □□□□□□□□

10. 父親或母親會無緣無故在家裡發脾氣，對另一方吼叫。--- □□□□□□□□

11. 父親或母親曾經因吵架而流血、瘀青或受傷。 □□□□□□□□

12. 父親或母親會限制對方行動，不讓對方外出或交朋友。--- □□□□□□□□

13. 父親或母親會把另一方關起來，不給對方吃東西。-- □□□□□□□□

14. 父親或母親會不讓另一方和朋友或親戚聯絡。 □□□□□□□□

15. 父親或母親會將對方趕出去，不讓對方進入屋內。-- □□□□□□□□

參、個人基本資料

1. 性別：□男　□女

2. 學校：＿＿＿＿＿＿　班級：＿＿＿＿＿＿　座號：＿＿＿＿＿＿

3. 年齡：＿＿＿＿＿＿歲

4. 父母婚姻狀況：□婚姻正常，且住在一起　□離婚，但有與人同居　□分居，但未離婚　□離婚，但已經再婚　□離婚，但未再結婚　□父或母親已死亡，或行蹤不明

5. 父親職業（工作）：＿＿＿＿＿＿　母親職業（工作）：＿＿＿＿＿＿

6. 父親教育程度：＿＿＿＿＿＿　母親教育程度：＿＿＿＿＿＿

7. 家裡全部人數（同住的人數，包括你自己）：＿＿＿＿＿＿＿

目睹婚暴兒童及
少年輔導團體之單元規劃

團體活動單元內容規劃

次數	團體目標	團體活動內容	需備器材
第一次 相見歡	1. 說明團體宗旨、目的、主題、規範、進行方式。 2. 彼此認識、建立關係。	1. 團體帶領著（leader）自我介紹、團體宗旨、目的、主題、規範、進行方式之說明與討論。 2. 小記者：找2個人一組互相訪問、相互介紹，並對團體進行介紹。 3. 成員對團體期待之分享。 4. 自我家庭經驗分享。	1. 5 種顏色之名片紙卡各2張 2. 鉛筆10支 3. 海報紙數張 4. 筆記紙一些
第二次 辨認情緒	1. 增進對自我情緒狀態的認識。 2. 建立團體成員彼此的信任感。	1. 觀賞情緒影片：認識情緒、討論情緒。 2. 討論：畫出最可表達自己平常情緒狀態的動物。 3. 情緒好壞對生活與人際關係之影響。 4. 彼此互賴的遊戲，盲人走路。 5. 總結討論：情緒的影響、信賴的感覺。	1. 影片1支 2. 鉛筆10支 3. 筆記紙一些 8 開圖畫紙 4. 彩色筆 5. 深色長布條2條，小手帕5條

（續上表）

第三次 認識與處理自己的憤怒	1. 學習認識什麼是憤怒？ 2. 誰會發怒？ 3. 我有什麼感覺？ 4. 辨認憤怒情緒。 5. 增進正向處理憤怒的能力與自我接納。	1. 心情大彩繪：以不同顏色色紙、代表不同心情拼湊自己生活；指出憤怒的顏色、並連結事件和情緒，說出事件始末與感覺。 2. 憤怒時，我會怎麼樣……。 3. 下次憤怒時，我可以怎麼樣……。	1. 8 開圖畫紙 2. 不同顏色彩紙 3. 膠水 4. 鉛筆 10 支 5. 面紙 1 盒
第四次 認識家暴及責任	1. 學習認識什麼是暴力？ 2. 家裡誰會使用暴力？ 3. 我看到與聽到什麼？ 4. 這是誰的錯？	1. 家庭暴力的案例與定義介紹。 2. 學習觀察家暴行為及辨認是非。 3. 正確認識暴力的錯誤與違法性。 4. 為什麼他會使用暴力？心情不好怎摩辦？ ＊心事重重的八爪章魚。	1. 家暴宣導影片 2. 家暴定義與法律責任的小紙片 3. 鉛筆 10 支 4. 筆記紙一些
第五次 學習安全守則	1. 協助區分家庭暴力界線及安全的守則。 2. 澄清不是自己的錯。 3. 學習自我保護。	1. 食人魚的故事、逃命遊戲：如何能安全倖存？我可以得到安全，相信嗎？ 2. 家暴發生時，可以怎麼辦？ 3. 討論與教導安全守則。	1. 故事圖卡 2. 紅色膠帶 1 卷、剪刀 1 把 3. 報紙木棍兩支 4. 鉛筆 10 支 5. 筆記紙一些
第六次 社會資源與使用	1. 介紹處遇家庭暴力的社會資源。 2. 認識使用方式。	1. 我會打電話：幾號？給誰？說什麼？做什麼？ 2. 角色扮演：打電話的練習，求助的練習。 3. 觀念澄清：求助不是弱者。	1. 家暴社會資源的海報 1 大張 2. 電話道具 1 具 3. 海報紙 1 張 4. 筆記紙一些
第七次 自我概念與社交技巧	1. 我是誰？認識自己，我將來要做什麼？ 2. 學習解決問題技巧與交朋友的技巧。	1. 秘密大會串：告訴你我是誰？我的小秘密。 2. 人際信賴與交往技巧之練習。 3. 我喜歡什麼樣的朋友？ 4. 我是有用的人，我會做很多事。	1. 筆記紙一些 2. 鉛筆 10 支 3. 海報指數張

目睹婚暴兒童及少年輔導團體之單元規劃

（續上表）

第八次 爸媽請聽我說、我的未來不是夢	1. 澄清對於理想父母的期待。 2. 增進對環境之掌控。 3. 將來當父母，我會怎麼做？	1. 角色扮演：配對當爸爸媽媽，說出對爸媽的心裡話。 2. 捏紙黏土遊戲，塑造心中的造型。 3. 說明命運自我掌控之道。 4. 理想父母圖像之勾勒。	1. 圖畫紙、海報紙一些 2. 紙黏土適量 3. 筆記紙一些 4. 鉛筆 10 支
第九次 好男與好女	1. 勾勒未來生活願景。 2. 兩性性別刻板印象、兩性關係及性別迷思之處理。 3. 預告分離。	1. 三個願望：憧憬與期盼。 2. 說明與處理兩性關係與性別角色之迷思。 3. 好男與好女之互動方式與家庭生活。 ＊生涯規劃：過去、現在、未來之生命故事。	1. 海報紙一些 2. 筆記紙一些 3. 鉛筆 10 支 4. 兩性關係海報 5. 預告：準備小禮物 1 份
第十次 歡樂完結篇	1. 處理分離情緒。 2. 希望灌注。 3. 感謝你陪我，在這些日子以來。	1. 許願樹（互相祝福）。 2. 給自己的一封信。 3. 總結討論與心得。 4. 感恩與祝福。 5. 互留聯絡方式。 6. 分享小禮物。	1. 全開壁報紙 2. 小卡片 3. 信紙 4. 筆記紙一些 5. 鉛筆 10 支 6. 小紙片 10 張以上

兒童虐待與少年偏差

童虐待與年偏差

問題與防治

附 錄 7

目睹婚暴兒童及
少年輔導團體活動流程

團體一　相見歡	
目標： 1. 介紹目的、主題、進行方式。 2. 互相認識、引發成員參與團體興趣。 3. 訂定規範、促進團體凝聚力。 4. 澄清成員對參與團體之期待與認知。	
leader 介紹自己（3'）	向成員自我介紹並說明 leader 的角色
小記者活動（18'） 暖身活動	1. 活動說明（2'）：leader向成員發放記者訪問單，兩兩一組互相訪問，將訪問單填滿後，回到團體互相介紹。 2. 發放訪問單（1'）。 3. 相互訪問（5'）。 4. 記者報告（10'）。
團體主題目的介紹及澄清成員期待、認知（21'）	1. 請成員敘說如何被告知需參加團體（8'）。 2. 請成員敘說自我對參加團體之想法與期待（化解被要求參加之前在抗拒）（8'）。準備一許願筒，請成員述說對團體的期待，並丟入一零錢入許願筒，以希望可實現。 3. leader說明團體系列主題、目的、進行方式、次數（5'）。

（續上表）

訂定規範及結語（10'）	1. 說明規範之意義（先準備規範草案）（2'）。 2. 開放團體並訂規範並提問（3'）。 3. 成員簽名（2'）。 4. 由 leader 保管。 5. 給予成員回饋並予以鼓勵（3）。
備註	1. 設計記者訪問單。 2. 設計團體規範，以全開壁報紙謄寫，並預留空間可加入成員所訂定之規範及簽名處。 3. 簽字筆 5 支。 4. 原子筆 10 支。

團體二 辨認情緒

目標：
1. 增進團體凝聚力及信任感。
2. 增進對自我情緒狀態之認識。

增進信任感活動 盲人走路（14'）	1. 活動介紹（2'）：兩兩一組分別擔任盲者及引導者，四處走動；色互換，分享感受。 2. 分組，分長布條及手帕（2'）。 3. 四處走動、角色互換（5'）。 4. 分享感受（5'）。
情緒臉譜（10'）	1. 情緒臉譜（喜怒哀樂）及情緒海報：簡述不同情緒狀態（5'）。 2. 討論情緒對人的作用和影響（5'）。
自我情緒探索（22'）	1. 活動說明：心情大彩繪（2'）。以不同顏色的色紙、代表不同心情拼湊自己平日情緒狀態；並以紙張大小代表不同心情所佔之比例，例如以紅色代表很高興，若常常很高興就貼大張一點，若偶而就貼小張一點。 另外在圖畫紙背面註明不同顏色所代表之心情如高興、很煩、難過、生氣、傷心、愉快、緊張、害怕、擔心。 2. 分發圖畫紙、色紙、膠水（2'）。 3. 製作心情彩繪圖（8'）。 4. 請成員說明自我心情彩繪圖（10'）。

（續上表）

團體小結 （5'）	1. 給成員回饋及鼓勵。 2. 預告下次團體繼續情緒探討主題。 3. 收回心情彩繪圖以作為下次團體之素材。
備註	1. 深色長布條 5 條。 2. 小手帕 5 條。 3. 八開圖畫紙 10 張。 4. 色紙 10 包。 5. 膠水 10 瓶。 6. 情緒臉譜。 7. 情緒海報：簡述不同情緒狀態。

團體三　認識和處理自己的低潮（憤怒）情緒

目標：
1. 認識並辨認低潮（憤怒）情緒。
2. 澄清對低潮（憤怒）情緒之感受。
3. 練習情緒管理之技巧。
4. 澄清低潮（憤怒）情緒為正常之情緒反應並自我接納。

暖身活動： 分享興趣 （10'）	以表演的方式向成員介紹自己的興趣，讓成員猜測；不可口述。leader 可先示範。
前次團體主題 回顧（3'）	1. 發回成員之心情彩繪圖，簡述情緒對人之作用。 2. 說明何謂低潮情緒、指出心情彩繪圖中代表負面情緒者如害怕、緊張、生氣、難過、擔心、傷心、很煩。
心事重重的八爪章魚 （11'）	1. 活動說明（2'）：將團體成員分為兩組，想像一下兩組均是有心事的八爪章魚，雖然已經有八支腳可應付不同的事，但還是快樂不起來。請同學幫幫他的忙，首先將壁報紙分為兩半，左半部寫讓自己心情不好的事件、當時心情；右半邊寫出曾用過的解決方法。 2. 分發海報紙及簽字筆（1'）。 3. 製作海報及腦力激盪解決方法（8'）。

（續上表）

分享討論 （20'）	1. 收回海報。 2. 引導討論，邀請同學逐一分享該情緒事件，說明事件始末、感受（10'）。 3. 兩組合一，討論其他解決方法；及所過去所用解決方法之優缺點（10'）。
leader 教導情緒管理原則 （8'）	1. 澄清情緒之起伏為正常之反應。 2. 介紹正向之情緒管理技巧（準備好書寫好的情緒海報）。
備註	1. 情緒海報簡述不同情緒狀態。 2. 半開海報紙兩張並先行做好表格。 3. 彩色筆2盒。

海報正面

事件、情緒	解決方法
1.	
2.	
3.	
4.	
5.	

海報背面

其他解決方法	
1.	
2.	
3.	
4.	
5.	

團體四　認識家庭暴力及責任

目標：
1. 學習辨認暴力。
2. 正確認識暴力之錯誤與違法性。
3. 釋放家庭秘密：自我目睹家庭暴力經驗分享。

leader 授課或者宣導影片辨認家庭暴力 （15'）	向成員介紹家庭暴力之定義與案例。 影片欣賞。
leader 授課（15'）＋問答	1. 什麼樣的人會使用暴力。 2. 為什麼他（她）會使用暴力。 3. 為什麼他（她）會接受暴力。 4. 為什麼使用暴力是錯的。

（續上表）

自我經驗分享與結語（20'）＋ leader 示範引導	1. 印象最深刻的父母衝突經驗：看到和聽到什麼 10'）。 2. 自己當時之擔心、害怕、生氣各為何（10'）。 3. 澄清婚暴為大人自身的人生議題，非孩子的錯、亦不可恥。
備註	1. 設計家暴行為之小問題（小紙片或小卡片書寫），以是非題方式呈現；10～15 題。 2. 小禮物 4 份。 3. 授課講義或 power point。

團體五　學習安全守則

目標：
1. 學習自我保護。
2. 辨認危險訊號或情境。
3. 澄清責任歸屬。

回顧前次團體（5'）	leader 簡述家暴定義、責任歸屬、本次團體主題。
食人魚的故事（18'）	1. 說故事（3'）：古老有一傳說，只要吃了食人魚的肉就可以長生不老，有一個武士拿到了這個寶物，且吃下食人魚的肉變成長生不老；但是別人都會老、會死，所以他很孤單，就很希望他的朋友或家人可以也吃下食人魚的肉，來陪伴他。但是大家不願意，常常因為他勉強別人、被拒絕而衝突、分離。 2. 猜想武士的心態及被強迫要吃人魚肉者（不得不面對父母婚暴）之心態（10'）。 3. 釐清責任：誰的錯（5'）。
逃命遊戲	可有 10 分鐘時間玩遊戲
辨認危險訊號及情境；Leader 介紹＋問答（10'）	1. 舉例說明當父母或他人有何行為時即應求助。 2. 舉列說明哪些語言或非語言訊息，為暴力行為之前兆（以海報事先寫好）。

兒童虐待與少年偏差 —— 問題與防治

（續上表）

教導安全守則 （10'）	1. 討論有效自保策略。 2. 預告下週主題：除自我因應外如何向外找幫忙（Brain Storming 分組黑板上填寫）。
備註	1. 紅色膠帶一卷、剪刀1把。 2. 報紙木棍2支。 3. 原子筆10支。 4. 製作海報：條列暴力前兆之語言及非語言訊息。

團體六　社會資源之認識與運用	
目標： 1. 認識社會資源及使用方式。 2. 增進對環境之掌控。 3. 澄清求助之觀念：求助非弱者。	
介紹家暴防治 之社會資源 （15'）	leader介紹目前家暴社會資源： 1. 什麼情況下需找幫助。 2. 求助管道。 3. 如何求助。 4. 對方會問些什麼、自己須提供何資料。 5. 求助後會得到什麼樣的幫助。 6. 求助後對方會怎麼做。
求 助 演 練 （20'）	1. 活動說明。 2. 運用模擬電話，練習求助；每一個人輪流當主角；並觀察他人說的好的地方：打幾號、給誰、說什麼、做什麼。 3. 角色演練、分享（13'）。 4. leader總結求助時需注意之重點（5'）。
觀念釐清、建 構求助手冊 （15'）	1. 什麼樣的人需要幫助：大家都需要（5'）。 2. 幫助人及被幫助的的感覺：求助非弱者（5'）。 3. 除社會資源外，自己身邊可提供幫忙者為何：以小卡片寫下其姓名、聯絡方式、及其可提供的幫忙（5'）。
備註	1. 家暴社會資源大海報（卡片或小冊子事前備好）。 2. 道具電話。 3. 小卡片10張。 4. 原子筆10支。

目睹婚暴兒童及少年輔導團體活動流程

團體七　建構正向自我概念與問題解決技巧	
目標： 1.增進自我認識。 2.增進自我接納、肯定。 3.增進問題解決技巧。	
暖身活動 面具之後 ＋自我肯定訓 練（26'）	1. 活動說明（2'）：請成員以所發器材製作面具，畫上自己 　想畫圖案或顏色，代表現在的自己；並帶上面具自我介 　紹，說明為何這樣畫。 2. 分發器材（1'）。 3. 製作面具（5'）。 4. 分享討論：以三個形容詞自我介紹形容自己，說明自己為 　何這樣設計面具之想法（10'）。 5. 請成員坐上寶座述說最感驕傲之事（8'）。
訂做新自己 （22'）	1. 活動說明（2'）：給同學一張卡片，寫上自己最想改變的 　不好行為或習慣；收回後，打散分發，若拿到自己的即再 　重新分發。請同學針對所拿到之卡片，提出達成改變目標 　的方法。 2. 分發、填寫卡片、回收再分發（5'）。 3. 分享改變之方法；成員說完後，leader 亦針對問題另行提 　出一可行改變方法；以讓成員清楚有多元思考（15'）。
結語（3'）	1. 澄清每人均有優缺點，未來有無限可能。 2. 將所寫之欲改變之行為卡片撕碎，以象徵告別壞習慣。
備註	1. 西卡紙 10 張。 2. 彩色筆 10 盒。 3. 剪刀 5 把。 4. 橡皮筋 20 條。 5. 卡片 10 張。 6. leader 預想每位成員之優點以示範給予回饋。 7. 美美坐墊。 8. 小垃圾桶。 9. 預作一面具。

兒童虐待與少年偏差

問題與防治

團體八　爸媽請聽我說，我的未來不是夢	
目標： 1. 澄清對父母的期待。 2. 澄清對理想父母之認知。 3. 協助抒發對父母之情緒。 4. 勾勒理想父母藍圖。	
暖身活動 神奇魔術箱 __澄清對父母期待 （22'） leader 先示範	1. 活動說明（2'）：假設現有一神奇魔術箱，裡面有任何你想要的東西或想實現的願望，分發每位同學一張卡片。 2. 請同學填寫（5'）： 　(1)想送給爸爸的東西？希望爸爸送的東西？ 　(2)想送給媽媽的東西？希望媽媽送的東西？ 　(3)想送給自己的東西？ 3. 分享卡片內容，並說明為什麼（15'）？
角色扮演：說出心裡話 （18'）	1. 活動說明（2'）：分發卡片，分別填寫想跟父親、母親說的話。 2. 以手套布偶說出想對父母說的話（8'）。 3. 分享感受：為什麼要說這些話、真實世界裡是否說過、有何顧忌，說出後的感覺（8'）。
我的未來不是夢（10'） 大團體討論寫在黑板或海報紙	1. 活動說明：請成員想像一下所喜歡之理想父母特質。 2. 分享討論：理想父母特質；leader 引導討論理想父母應具備之特質；然亦強調父母非完美、會犯錯；亦非超人什麼都會（10'）。
備註	1. 卡片 20 張。 2. 原子筆 10 支。 3. 準備一象徵性神奇魔術箱。 4. 手套布偶。 5. 海報及彩色筆。

團體九　好男與好女	
目標： 1. 澄清性別刻板印象、迷思。 2. 澄清兩性相處迷思。 3. 認識兩性相處之道。 4. 預告分離。	
最佳男女主角 （15'）	1. 活動說明：分給特質小卡片，讓成員討論各特質屬男性或女性特質。 2. 將各特質卡黏貼於海報上（5'）。 3. 討論各特質及其是否合理（10'）。
性別迷思之澄清 （15'）	1. 給成員一張小卡片，左半部寫男性特質，右半部寫女性特質；就海報上之特質挑選自己亦具備之特質，分別填入（5'）。 2. 分享特質卡，讓成員了解人通常都具有男女兩性特質；澄清各特質之迷思（10'）。
兩性互動 （20'）	1. 活動說明（2'）：分為男女兩組，請男生說討厭及喜歡的女性特質；請女生說討厭及喜歡的女性特質。 2. leader 引導討論，寫在黑板上（15'）。 3. 預告分離：提醒下週為最後一次團體，讓同學填寫通訊錄、留下聯絡方式（3'）。
備註	1. 特殊材質之海報紙，可黏貼。 2. 特質小卡片 20 張，分別先寫上男女各 10 個特質。 3. 簽字筆 5 支。 4. 原子筆 10 支。 5. 卡片 10 張。 6. 通訊錄。

團體十 歡樂完結篇	
目標： 1. 處理分離情緒。 2. 希望灌注、勾勒未來生活願景。 3. 相互感謝、祝福。	
許願瓶 （15'）	1. 活動說明（2'）：leader 向成員發放 7 張小卡片，1 張卡片請成員寫上自己的 3 個願望，3 張卡片寫上對 3 個不同團體成員的祝福，3 張卡片寫上對另 3 位成員的感謝。 2. 發放小卡片及活頁紙。 3. 寫卡片（5'）。 4. 分享自我 3 個願望（8'）。
相互祝福和感謝 （15'）	1. 分享對成員之祝福和感謝（10'）。 2. 將卡片送予對方（2'）。 3. 將所寫 3 個願望之小卡片，放入透明玻璃瓶中，交予成員自行保管，象徵許願（3'）。
團體總結 （21'）	1. leader 引導回顧整體團體歷程，並請成員敘說參與團體之心得（10'）。 2. leader 分別給個別成員回饋及祝福（10'）。 3. 發給通訊錄（1'）。
備註	1. 信紙 10 張。 2. 小卡片 60 張。 3. 小的 memo 紙 10 張。 4. 原子筆 10 支。 5. leader 送與每位團體成員之祝福與回饋卡片。 6. 製作通訊錄。 7. 空白小玻璃瓶 10 個。

小記者訪問單

姓名：　　　　　　　　　班級：

你平常喜歡做些什麼？	如果你今天沒有在這裡的話，那麼你會在哪裡？做些什麼？	你在家中排行第幾？
你最討厭哪種人？	你是什麼星座？	現在如果你可以 10 天不上學，你會怎麼安排？
你喜歡吃什麼？為什麼？	你最喜歡的偶像，為什麼？	你最滿意你的哪一個部分？

國家圖書館出版品預行編目資料

兒童虐待與少年偏差：問題與防治／鄭瑞隆著.
-- 初版. -- 臺北市：心理, 2006（民 95）
面；　公分.--（社會工作；19）

ISBN 978-957-702-986-7（平裝）

1. 兒童保護　　　2. 少年犯罪

548.13　　　　　　　　　　　　　96000239

社會工作 19　　**兒童虐待與少年偏差：問題與防治**

作　　　者：鄭瑞隆
執行編輯：高碧嶸
總 編 輯：林敬堯
發 行 人：洪有義
出 版 者：心理出版社股份有限公司
社　　　址：台北市和平東路一段 180 號 7 樓
總　　　機：(02) 23671490　傳　真：(02) 23671457
郵　　　撥：19293172 心理出版社股份有限公司
電子信箱：psychoco@ms15.hinet.net
網　　　址：www.psy.com.tw
駐美代表：Lisa Wu　tel: 973 546-5845　fax: 973 546-7651
登 記 證：局版北市業字第 1372 號
電腦排版：龍虎電腦排版股份有限公司
印 刷 者：翔盛印刷有限公司
初版一刷：2006 年 12 月
初版二刷：2008 年 8 月

定價：新台幣 250 元　　■有著作權‧侵害必究■
ISBN　978-957-702-986-7

讀者意見回函卡

No. _____　　　　　　　　　　　　填寫日期：　年　月　日

感謝您購買本公司出版品。為提升我們的服務品質，請惠填以下資料寄回本社【或傳真(02)2367-1457】提供我們出書、修訂及辦活動之參考。您將不定期收到本公司最新出版及活動訊息。謝謝您！

姓名：_____　性別：1□男　2□女

職業：1□教師 2□學生 3□上班族 4□家庭主婦 5□自由業 6□其他____

學歷：1□博士 2□碩士 3□大學 4□專科 5□高中 6□國中 7□國中以下

服務單位：_____　部門：_____　職稱：_____

服務地址：_____　電話：_____　傳真：_____

住家地址：_____　電話：_____　傳真：_____

電子郵件地址：_____

書名：_____

一、您認為本書的優點：（可複選）

　　❶□內容 ❷□文筆 ❸□校對 ❹□編排 ❺□封面 ❻□其他____

二、您認為本書需再加強的地方：（可複選）

　　❶□內容 ❷□文筆 ❸□校對 ❹□編排 ❺□封面 ❻□其他____

三、您購買本書的消息來源：（請單選）

　　❶□本公司 ❷□逛書局⇨_____書局 ❸□老師或親友介紹

　　❹□書展⇨____書展 ❺□心理心雜誌 ❻□書評 ❼其他_____

四、您希望我們舉辦何種活動：（可複選）

　　❶□作者演講 ❷□研習會 ❸□研討會 ❹□書展 ❺□其他____

五、您購買本書的原因：（可複選）

　　❶□對主題感興趣 ❷□上課教材⇨課程名稱_____

　　❸□舉辦活動 ❹□其他_____　　　　（請翻頁繼續）

廣　告　回　信
- - - - - - - - - - - - - - - -
台 北 郵 局 登 記 證
- - - - - - - - - - - - - - - -
台北廣字第 940 號

（免貼郵票）

 心理出版社 股份有限公司

台北市 106 和平東路一段 180 號 7 樓

TEL: (02) 2367-1490

FAX: (02) 2367-1457

EMAIL:*psychoco@ms15.hinet.net*

沿線對折訂好後寄回

六、您希望我們多出版何種類型的書籍

❶□心理　❷□輔導　❸□教育　❹□社工　❺□測驗　❻□其他

七、如果您是老師，是否有撰寫教科書的計劃：□有□無

　　書名／課程：＿＿＿＿＿＿＿＿＿＿＿＿＿＿＿＿＿＿

八、您教授／修習的課程：

上學期：＿＿＿＿＿＿＿＿＿＿＿＿＿＿＿＿＿＿＿＿＿＿

下學期：＿＿＿＿＿＿＿＿＿＿＿＿＿＿＿＿＿＿＿＿＿＿

進修班：＿＿＿＿＿＿＿＿＿＿＿＿＿＿＿＿＿＿＿＿＿＿

暑　假：＿＿＿＿＿＿＿＿＿＿＿＿＿＿＿＿＿＿＿＿＿＿

寒　假：＿＿＿＿＿＿＿＿＿＿＿＿＿＿＿＿＿＿＿＿＿＿

學分班：＿＿＿＿＿＿＿＿＿＿＿＿＿＿＿＿＿＿＿＿＿＿

九、您的其他意見

＿＿＿＿＿＿＿＿＿＿＿＿＿＿＿＿＿＿＿＿＿＿＿＿＿＿

謝謝您的指教！　　　　　　　　　　　　　31019